ウォルト・ディズニー名著復刻
ミッキーマウス　ヴィンテージ物語

2018年11月28日　初版第1刷発行

編集・解説／デイビッド・ガースタイン
序文／デイビッド・R・スミス
翻訳／稲次信一郎

日本語版編集／UCHA creations

発売者／岩野裕一
発売所／株式会社実業之日本社
〒107-0062　東京都港区南青山5-4-30
CoSTUME NATIONAL Aoyama Complex 2F
電話（編集）03-6809-0452
　　　（販売）03-6809-0495
http://www.j-n.co.jp/
発行／株式会社うさぎ出版
印刷・製本／大日本印刷株式会社

ISBN:978-4-408-33820-0（第一趣味）

本書の一部あるいは全部を無断で複写・複製（コピー、スキャン、デジタル化等）・転載することは、法律で定められた場合を除き、禁じられています。また、購入者以外の第三者による本書のいかなる電子複製も一切認められておりません。落丁・乱丁（ページ順序の間違いや抜け落ち）の場合は、ご面倒でも購入された書店名を明記して、小社販売部あてにお送りください。送料小社負担の上でお取り替えいたします。ただし、古書店等で購入したものについてはお取り替えできません。定価はカバーに表示してあります。小社のプライバシー・ポリシー（個人情報の取り扱い）は上記ホームページをご覧ください。

Copyright © 2018 Disney Enterprises, Inc. All Rights Reserved.

ウォルト・ディズニー名著復刻

WALT DISNEY'S
MICKEY
AND THE GANG

ミッキーマウス ヴィンテージ物語

編集・解説：デイビッド・ガースタイン
序文：デイビッド・R・スミス
訳：稲次信一郎

Acknowledgement
本書の出版にご協力いただいた皆様へ

雑誌「グッド・ハウスキーピング」で掲載されたディズニー・ページのすべてを1冊の書籍に収録する試みは、過去20年の間に何度か行われたものの、いずれも実現には至りませんでした。今回、Gemstone出版の社長兼CEOのスティーブ・ジェッピのディズニー・ページに対する強い思いと、それを共有し会社としてあらゆるサポートを用意してくれた最高総務責任者ジョン・スナイダーのおかげで、ついに出版へとたどり着くことができました。中でも、ディズニー・コミック担当の編集長ジョン・クラークの協力は何より大きな強みでした。私がこの本に関わることができたのも、長年の上司であり友人でもあるジョン（スナイダー）のおかげです。また彼ら3人が、自由に制作を進められる環境を与えてくれたことにも、心から感謝しています。こうして、ディズニー・ページのコレクションであり、ディズニーの歴史の記録でもある一冊が誕生することになりました。

本書にとって、何より重要である「グッド・ハウスキーピング」のディズニー・ページのうち、いくつかは実際の出版物から複製され、それらは収集家ポール・マクスパデンからお借りしました。ただし、使用した絵柄の大部分は現存する原画からの複製であり、1934年から1937年の作品のほとんどは個人収集家の方々、1938年から1944年のものはディズニー・アーカイブスから提供いただきました。アーカイブスの理事長デイビッド・スミスの協力を心からありがたく思います。

本書の序文も手がけていただいたスミス氏とともに、アーカイブスの皆さま――マネージャーのロバート・ティーマン、アーキビストのブライアン・ホフマン、アシスタントのレベッカ・クライン、上級秘書コレット・エスピノ――の協力で貴重な資料へのアクセスが可能となったこと、感謝を申し上げます。The Walt Disney Feature Animation Research Libraryではマネージャーのティム・キャンベル、ディレクターのレラ・スミス、研究管理者ヴィヴィアン・プロコピオ、調査員ダグ・エンガラとアン・ハンセンの協力を得て、膨大な数のスケッチ画やモデル・シートと出会うことができ、Walt Disney Photo Libraryの極めて高品質な素材の使用が可能となったのは、調査員エドガー・スクエアのおかげです。

素材の提供に関しては、Disney Publishing World Wide社のグローバル・アート部副部長ケン・シューと秘書イリアナ・ロペスの多大な援助によって、社で所蔵するコミックや出版物を使用することが可能となり、その寛大な協力がなければ、本書の内容は遙かに見劣りするものとなっていたことでしょう。

ディズニー研究家トーマス・アンドラエには特にお世話になり、ディズニー短編作品に関する彼の圧倒的な知識を、豊富な記録を通じて提供いただいたことが、膨大な資料を調査する中での道しるべとなりました。

また、欠かすことのできない資料の提供や、協力いただいた貢献者、かつその多くは良き友人でもある、ミッシェル・バリアー、ビル・ブラックビアード、ラス・コクラン、カービー・コンファー、アーサー・ファリアJr.、フランク・フェレル、ドン・フラナガン、ハリー・フラックス、故デニス・ギフォード、レオナルド・ゴリ、Hake's Americana社スタッフの皆様（ケリー・マクレイン、ディーク・ステージマイヤー、アレックス・ウィンター）、ラーズ・ジェンセン、トーマス・ジェンセン、コール・ジョンソン、マーク・カウスラー、タッド・コモロウスキ、ハリー・マテツキー、ピーター・メローロ、ヘニング・ラスマッセン、ウルリヒ・シュルーダー、ピエトロ・シャカリアン、ゾーラン・シノバッド、フランチェスコ・スプレアフィコ、ジェフ・ヴォーン、フェルナンド・ヴェンチュラ、マイク・ウィルバー、ヘザー・ウィンターにも、心より感謝いたします。

本書のビジュアル面、そして多くのレイアウトにおいて、デザイナーのマイケル・クローネンベルクの貢献は計りしれません。レイアウトにおいては、Gemstone社のディズニー・コミックス編集補佐のスー・コルベルグと、彼女の精鋭チームのジャクリン・ウルラス、マイク・ダイソン、スーザン・チェノウィスにも協力いただきました。アート・ディレクターのトラヴィス・セイトラーには、コミックの校正刷など、状態の悪い資料の修正加工という多大な労力を要する作業をお願いし、またバリー・グロスマン、マリー・ジャヴィンズ、スコット・ロックウェル、フェルナンド・ヴェンチュラと共に、コミックの優れた彩色加工も担当していただきました。デザイナーのリック・キーンは一部のコミック作品等の復元を、またJamison Services社のスタッフの方々には絵柄の原画を「グッド・ハウスキーピング」のディズニー・ページの体裁に復元する作業を行っていただきました。もちろん、それらはDiamond International Galleries社のジョー・マグキンによる撮影やスキャニングという困難な作業があったからこそ実現しました。

ひとりですべての知識を得ることは不可能であり、それ故に私の原稿をチェックし、問題点を洗い出してくれたプロの漫画研究家マイケル・バリアーとマーク・カウスラーにも感謝します。

そして最後に、本書への直接的な貢献ではないものの、制作中のかけがえのないサポートと励ましをくれた両親のスーザンとラリー、兄弟のベンと祖父の故アイラ・カッツ、多くの友人や同僚にも心からお礼を伝えたいと思います。

この本は、これらの人々全員で作り上げた、みんなの本でもあるのです。

――デイビッド・ガースタイン
2005年10月

訳注：こちらのAcknowledgementは、本書のベースとなったGemstone社2005年刊行の「Walt Disney's Mickey and the Gang: Classic Stories in Verse」に掲載されていた謝辞です。膨大な資料とさまざまな人たちの協力のもと出版された原書に敬意を表し、こちらのAcknowledgementをそのまま掲載させていただくことといたしました。

CONTENTS
もくじ

はじめに

ディズニーとグッド・ハウスキーピングの出会い 4
    序文：デイビッド・R・スミス

グッド・ハウスキーピングに登場した、ディズニー・ページの重要性 10
    解説：デイビッド・ガースタイン

グッド・ハウスキーピングのディズニー・ページ

ミッキーの大演奏会 14
ミッキーの害虫退治 16
    ミッキーの害虫退治（散文によるお話）................... 18
ミッキーの消防隊 20
    ミッキーの消防隊（散文によるお話）..................... 22
ミッキーのマジック・ハット 24
    ミッキーのマジック・ハット（散文によるお話）........... 26
    ミッキーのグランドオペラ（ミッキーの解説）............. 28
ミッキーのアイス・スケート 30
ミッキーの夢物語 32
ミッキーのライバル大騒動 34
    ディズニー・コミック「モーティマーの登場」............. 36
アルプスのミッキー 38
ミッキーの引越し大騒動 40
ミッキーマウスのがんばれサーカス 42
ドナルドとプルート 44
    ドナルドとプルート（散文によるお話）................... 46
いたずら子象 48
ミッキーのアマチュア合戦 50
プルートの五つ子 52
ドナルドのダチョウ 54
    ディズニー・コミック「ダチョウのホーテンス」........... 56
ミッキーの大時計 58
ミッキーの造船技師 60
    ミッキーの造船技師（散文によるお話）................... 62

ディズニーとグッド・ハウスキーピングの出会い
DISNEY MEETS GOOD HOUSEKEEPING

序文：デイビッド・R・スミス

アメリカのアニメーションの歴史において、1928年はとても重要な年となった。ウォルト・ディズニーが生み出したミッキーマウスが、「蒸気船ウィリー」として映画の世界に登場したのだ。そしてこの快活で小さなネズミのキャラクターは、あっという間に世界中で愛される存在となった。また1929年には、制作スタッフの作曲家カール・スターリングの熱心な働きかけもあり、決まった登場人物のない、音楽を中心に据えたアニメーション「シリー・シンフォニー」シリーズの制作も始まった。大活躍するミッキーマウスに対し、シリー・シンフォニーの人気はしばらく伸び悩んでいたが、1932年の「花と木」の登場で状況は一転する。この29作目のシリー・シンフォニーには、それまでの作品と決定的に違う

トム・ウッド

「グッド・ハウスキーピング」にディズニー・ページが登場する数年前、詩によってつづられたミッキーの物語として初となる作品が、イギリスの「Mickey Mouse Annual 1号」（1930年）に登場した。ミッキーは、ミニーのパパがいることに気がつかないまま、ミニーに愛の歌をささげたため、怒ったパパに鉢植え（POT）を投げられてしまう（SHOT）というお話。メインの絵柄はウィン・スミス作と思われる。左下（鉢植えを投げられたミッキー）の絵はイギリス版のオリジナルで、ウィルフレッド・ホートン作。

要素があった――カラー・アニメーションだ。それ以降、シリー・シリーズはすべてカラー作品として制作された。テクニカラー社の新しい三原色の技術価値にいち早く目をつけたウォルト・ディズニーは、他のライバルたちに先駆け、同社と2年契約を交わし、アニメーションの新しい時代を切り開いていくことになる。

ウォルト・ディズニーのシリー・シンフォニーは多くのファンを生み出し、雑誌「グッド・ハウスキーピング」の編集者たちもまた夢中になった。雑誌のコンテンツとして、ディズニーの連載を導入することに大きな価値を見出した編集者たちは、1933年ディズニーの担当者と会議をするため、最初の要請を行っている。ディズニーにとって、およそ225万の購読者を持つ主要雑誌の中で新作アニメーションの宣伝ができるのは、大きな魅力であり断る理由はなかった。

1933年12月1日、口頭で結ばれた契約は後に手紙により正式なものとなった。アニメーションのシリー・シンフォニーを雑誌用に編集し、その記事に対して「グッド・ハウスキーピング」が毎月500ドルを支払うという条件だった。物語のあらすじと一緒に、ディズニーはカラー・イラス

「グッド・ハウスキーピング」最初のディズニー・ページとなった「アリとキリギリス」(1934年4月) より。

トを提供し、絵柄の使用はひと月最大15点、「グッド・ハウスキーピング」はディズニーと協力してレイアウトや絵柄下のキャプション書きを行うことになった。雑誌の出版日は、おおよその映画公開月に合わせて決定された。

契約の詳細に関しては、ニューヨークにあるディズニーの事務所にてウィリアム・C・アースキンが「グッド・ハウスキーピング」と練り上げ、編集者アーサー・マッキオーが文書化した。ロイ・O・ディズニー宛ての手紙の中で、アースキンは「定期的かつ事前の宣伝を行えることは、シリー・シンフォニー作品にとって非常に有益です」と記している。雑誌に掲載する絵柄は、当初ニューヨークの事務所にて制作される予定だったが、ロイの要望でカリフォルニアのディズニー・スタジオにて、宣伝部所属アーティストのひとり、トム・ウッドが担当することになった。

それから数週間を費やし、ウッドは最初となる「アリとキリギリス」(1934年) 用の絵柄を制作し、1934年4月号での掲載が決定する。ロイ・ディズニーは、映画の全編を伝えるために絵柄を多数掲載することで、各絵柄が小さくなり「作品の魅力が損なわれるのではないか」と懸念を伝え、その結果絵柄の使用は1ページにつき4〜6点と決められた。1月18日、ニューヨーク宛てに送られた最初の絵柄について、ロイは以下のように記している。「それぞれの絵柄にはストーリー解説として詩が添えられています。もしそれらの詩の出来が不十分で、必要ならばどうぞ気兼ねなく改良してください。私たちの気を損ねる心配はいりません」

そして「グッド・ハウスキーピング」のアーサー・マッキオーは電報にて即座に返信している。「完成度が高く、素晴らしい作品に感謝と賛辞を送ります。感動的な仕上がりです」。ディズニーの記事はその後、「ビッグ・バッド・ウルフ」「かしこいメンドリ」「空飛ぶネズミ」(すべて1934年) と続いた。そしてディズニーがいよいよカラーのミッキーマウス作品

左から、「グッド・ハウスキーピング」に登場した「ビッグ・バッド・ウルフ」「かしこいメンドリ」「空飛ぶネズミ」より。

を発表することを知ったマッキオーは、シリー・シンフォニーに代えてミッキーの記事を掲載することを提案する。ウィリアム・アースキンは「グッド・ハウスキーピング」がシリー・シンフォニーの素晴らしい素材に感謝していることに加え、カラーのミッキーマウスが誕生することに期待をふくらませている旨を、ロイ宛ての手紙に記している。そして1935年1月号、「ミッキーの大演奏会」が最初のミッキーマウスの記事となった。

雑誌「グッド・ハウスキーピング」にとって、制作中のアニメーションを記事として完成させ、映画公開と出版のタイミングを合わせるためには、4〜5ヶ月の制作期間を要した。また、ごく稀ではあるが、両者で意見が対立する場面もあったようだ。雑誌の9月号に掲載予定だった作品のタイトルが「春の女神」（1934年）であったため、雑誌側としては「さらわれた女神」にタイトルの変更を希望したが、それでは作品への宣伝効果がなくなってしまうためロイ・ディズニーはその要望を拒否した。

また、マッキオーが絵柄作品に添えられた文章に不満を伝えた際、1936年1月にロイが手紙を送っている。

「私どもには、常に質の高い作品を描くアーティストがいてくれる反面、詩の書き手に関しては、未だ満足できる人材が見つかっていません。そのため、時にスタジオ内のあちこちで力を借りて仕上げることもあり、本来必要な思案が十分になされていないと感じています。私はいつも、詩は幼い子供たちにも分かりやすくあるべきで、正しい韻律、調子は必ずしも重要ではないと考えています」

その後マッキオーが改善点を提案したり、彼自身が詩を書き換えることで、作品の完成度は上がっていった。また彼は、飲酒や催眠術の方法といった子供への悪影響が懸念される要素について、何度かディズニーに注意を促すこともあった。

トム・ウッドにより、毎月のディズニー・ページ制作が継続される中、ディズニー・スタジオに大きな転機が訪れる。長編アニメーションの「白雪姫」（1937年）の制作が決定したのだ。その完成には高い期待が寄せられ、世間ではまだ誰も体験したことのない劇場作品を成功させるには、周到に計画された宣伝キャンペーンが重要であることを、ウォルト・ディズニーと制作メンバーはよく理解していた。

「白雪姫」が完成する1年前、ニューヨークでディズニーの商品担当をしていたカイ・カーメンは、映画の公開にあわせた「白雪姫」の連載シリーズについて「グッド・ハウスキーピング」と話し合いの場を用意した。その数ヶ月後、雑誌社は3,000ドルをディズニーに対して支払い、1937年の11月と12月号で通常の1ページではなく、数ページを使用した新作

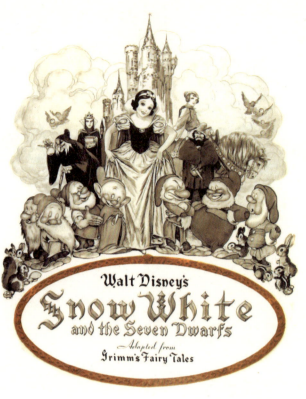

世界初の長編アニメーション「白雪姫」が公開された1937年、「グッド・ハウスキーピング」でもディズニー・チームによって2ヶ月にわたる映画の特集が組まれた。いつものトム・ウッドの絵柄と詩の組み合わせではなく、複数のページを使用し、脚本家ドロシー・アン・ブランクと、絵本作家のグスタフ・テングレンの芸術的で素晴らしい絵柄が使用された。掲載された物語の内容は、序盤に白雪姫の母親が登場するなどの違いはあるものの、公開された映画とほぼ同じ内容で制作された。

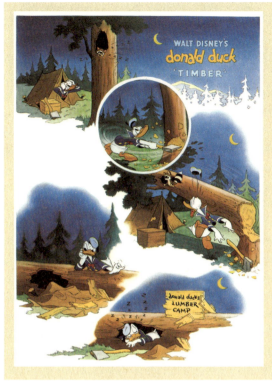

左：長年トム・ウッドによって制作されてきた「グッド・ハウスキーピング」の絵柄だったが、ウッドが亡くなったため、1941年3月からハンク・ポーターが担当することになった。ポーターの作風は、より近代的でコミック風な仕上がりになっており、絵柄が重なり合うなど、全体のレイアウトも新しいスタイルへと変化した。

右：1943年10月、「グッド・ハウスキーピング」のディズニー・ページは、ハンク・ポーターと彼のライターによって「マザー・グース」を取り上げた作品がスタートした。誌上のディズニー・ページの人気を復活させることはできなかったが、マザー・グース・シリーズのかわいい絵柄と親しみやすい物語は、カード・ゲームなど、長年制作されていなかった関連グッズを生み出した。

映画の特集を組むことで合意された。誌面に掲載される内容に関しては、映画のプレビューとなるよう完全なストーリーと必要な絵柄が提供されること、またそれらはディズニーから初めて外部に発信される素材であることが約束された。

文章は、ディズニーの脚本家ドロシー・アン・ブランクが担当。そして絵柄には、そのコンセプト・アートによって映画「白雪姫」の世界観に多大な影響を与え、宣伝用ポスターも担当していた、グスタフ・テングレンの作品から厳選されることになった。

1939年には、同じく長編の「ピノキオ」（1940年）と「バンビ」（1942年）も特集された。シリー・シンフォニーのシリーズは1939年で終了するが、代わってドナルドダックやグーフィーの短編作品が登場する。後にアーサー・マッキオーはトム・ウッドと彼のチームに感謝の言葉を伝えている。

「100メートルを超えるフィルムで語られる物語を、たった5枚の絵柄とあらすじにまとめる作業は、相当困難だったことでしょう。そして、あなたのチームはそれを素晴らしい形で実現されたと思います」

1940年10月4日トム・ウッドが亡くなり、初回から彼が継続してきた絵柄の制作は、ハンク・ポーターへと引き継がれた。

1942年になると、「グッド・ハウスキーピング」は月刊連載で続けてきたディズニーの記事に対する読者離れを感じ始め、その後行われた調査によって、それは確かなものとなった。人気の低迷を受け、「グッド・ハウスキーピング」は1942年1月号にて4色刷りから2色刷りへの変更を行うが、当然ながらそれが人気の復活へとつながることはなかった。イマジネーションに欠け、ワンパターン化するようになった毎月の絵柄に改善が必要であることは、ディズニーの耳にも届いていた。

ロイ・ディズニーと彼のスタッフは、記事に新しい命を吹き込むための対策として、当時始まっていた大戦関連の内容を盛り込み、その後1943年10月には新たな体裁で「マザー・グースの新しいお話」が始まった。ディズニー・キャラクターたちを登場させたマザー・グースの物語でも人気が回復することはなく、1944年9月号にて連載は終了した。

ディズニーと「グッド・ハウスキーピング」は2度の中断（1939年8月と1940年12月）を除いて、10年以上にわたり124月分の記事を掲載した。誌面を飾った絵柄や詩は、当時ディズニー・スタジオが提供していた素材としては最高品質のものだった。これら「グッド・ハウスキーピング」の記事のおかげで、ディズニー・アニメーションの黄金時代を楽しく振り返ることができる。

ハンク・ポーター

—— デイビッド・R・スミス

MICKEY MOUSE

Mickey sings for Minnie's sake
An aria sweet as chocolate cake.
While Minnie, poised in window, rests
And dreams of love's togetherness.

But lo! The tryst is not to be!
A rival comes—and fierce is he!
Say Julius Cat, "By saints above!
Minnie is to be **my** love!"

Nonplussed Mickey leaves the yard.
Julius smirks, "That wasn't hard!"
Full of brass, inside and out,
He journeys forth, his love to shout.

To know our Mickey is to know
That he's one clever so-and-so.
He sees the tuba passing: "Man!
To fool that cat I have a plan!"

Our celebrated little Mouse
At circus stunts brings down the house.
An acrobatic jump and flight,
And he's wedged in the tuba tight.

With sugar in his no-good heart,
Julius Cat prepares to start
His wooing. He will music play
And romance Minnie—come what may!

Julius blows a wicked rhumba.
But what's this? His opposite number
Sails skyward from the bell!
Julius starts to feel unwell.

Wondrous music greets the ear
And open arms of Minnie dear;
Followed by her favorite Mouse.
"Have a kiss, Toots, on the house!"

Mick holds his sweetie at his side,
Thumbs his nose and grins with pride.
"Hi there, Julius—bigwig cat!
Nice plan you had to beat me, that!"

P8 左上：
イタリアで最初に登場したコミック作品。「グッド・ハウスキーピング」のように、それぞれの絵柄に韻を踏ませた文章が付けられている。このグゲリエルモ・ガスタヴェグリアの作品は1931年の新聞「Il Popolo」に掲載された。ミッキーと一緒に登場するジュリアスは、当時のヨーロッパでディズニー作品として人気があった、サイレント時代の作品「アリス・コメディ」で生まれたネコのキャラクターだ。

内容：愛するミニーに愛の歌を捧げていたミッキーだが、ライバルのネコのジュリアスに邪魔されてしまう。ジュリアスがミニーのためにチューバを吹こうとしているのを見て、ミッキーはそのチューバに忍び込む。何も知らないジュリアスがチューバを吹くと、中にいたミッキーが飛び出し、ミニーのもとへと飛んで行きふたりは結ばれる。

P8 下：
「Mickey Mouse Illustrated Movie Stories」（1931年）では、初期のミッキーのアニメーション作品が、「グッド・ハウスキーピング」と同じような韻を踏んだ詩と一緒に登場している。同じ作品であっても、アメリカで出版されたもの（左下）と、デンマークで出版されたもの（右下）を比較すると、内容が変更、もしくは部分的に完全に削除されており、国による違いが、興味深い。

P9：
「グッド・ハウスキーピング」のディズニー・ページが登場する以前に、詩で物語を綴る形式の作品として最も仕上がりが良いのは「Mickey Mouse Annual 3号」（1932年）でウィルフレッド・ホートンが描いた「Mickey's Hoozoo」だろう。各ページで様々なキャラクターが、韻を踏ませた文章で紹介されている。ミッキーを狙うネコのクロウや、陽気なブタのパトリシア、ミッキーと良く似た子グマのバジルや、ミニーの親戚ジョーなど、現代のディズニー作品では出会えないキャラクターたちが登場しているのも面白い。その中にドナルドダックの姿もあるが、まだミッキーほど擬人化されていない。ウマのホーレスとウシのクララベルは、当時すでに映画に出演していたが、ここではまだ古い名前（ヘンリーとキャロライン）が使用されている。

"Eeeek! Eeeek!" Like a piercing knife
The barmaid's scream cut through the air.
Don Mickey rushed to save her life—
But saw old Pedro leaving there!

And, with the girl beneath his arm,
The scoundrel o'er the mesa fled.
Don Mickey cried out in alarm:
"I'll get that guy—alive or dead!"

»Hjælp! Hjælp!« Lille Mine skreg for sit Liv, og Mikkel Mus styrtede ud, bleg af Skræk. Men *Pedro Etben* var allerede flygtet paa sit Muldyr. Mine Mus sad klemt fast i hans Arme som i en Skruestik, og det gik af Sted med Lynets Hast.

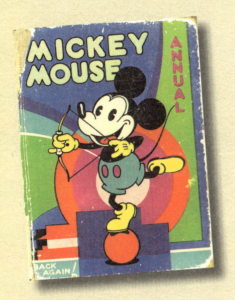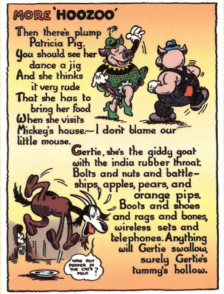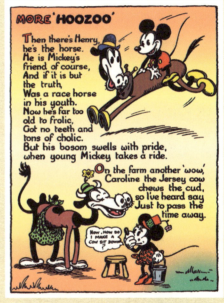

グッド・ハウスキーピングに登場した、ディズニー・ページの重要性
THE IMPORTANCE OF DISNEY'S GOOD HOUSEKEEPING PAGES

解説：デイビッド・ガースタイン

ディズニー・キャラクターと詩を組み合わせることは、無声映画時代からすでに行われていた。各シーンの間に挿入されるインタータイトルで使用された詩は、分かりやすい言葉遊びのユーモアを織り交ぜ、物語を伝える役割を果たしていた。しかし、韻を踏ませた詩を用いることには、別の効果もあった。アニメーション・スタジオは、固定ファンを獲得するためできるだけ長く作品を記憶してもらおうと努力したが、まだビデオもなく映画館で一度見るだけの時代に、それは容易なことではなかった。そのため短編作品を観客の記憶に残してもらうためには、何かしらの仕掛けが必要であり、覚えやすい詩の挿入は特に好まれた手法だった。ミッキーマウスが初めて発するきちんとした言葉――「カーニバル・キッド」（1929年）――もまた、韻を踏ませたセリフだ。

映画から始まった詩の活用は、ディズニーの出版物にも取り入れられ、ギルバート・アンド・サリヴァンの故郷でもあり、古くから多くの名詩を生み出してきたイギリスでも、ミッキーの作品は自然に受け入れられた。イギリス人作家によって制作された「Mickey Mouse Annual 1号」（1930年）の128ページ中31ページで詩が用いられているのも、驚きはない。続いて1931年には、当時もうひとつの海外拠点だったイタリアでも、ミッキーと詩を載せたコミックが発表された。同年、アメリカで出版されたDavid McKay社の「Mickey Mouse Illustrated Movie Stories」でも詩によって多くの物語が綴られている。

ディズニーのコミック用に制作されたシリー・シンフォニーのシリーズは、すべてに韻を踏んだ文章が使用された。中でも、人気キャラクターとなった虫のバッキー・バグは、今日に到るまで韻を踏んだセリフ以外話したことがない。

1934年ディズニー映画の連載記事を始めた「グッド・ハウスキーピング」（以下GH）は、韻を踏ませた詩で物語を伝える手法を採用し、当時のディズニー作品に親しんでいた読者にとって、それは馴染みやすいものだった。ミッキーが詩のセリフを話すことはもうなかったが、ディズニーのストーリーブックや、シリー・シンフォニーの劇中歌などでその流行は取り入れられ、日曜版新聞コミック「シリー・シンフォニー」では、

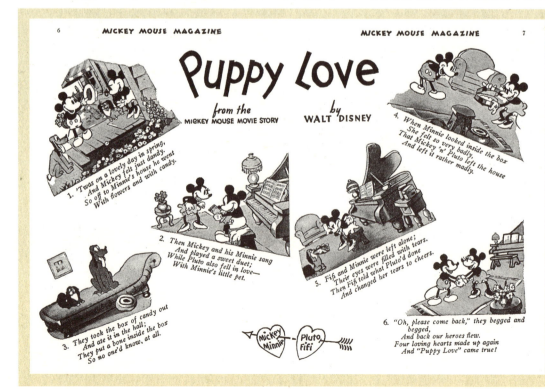

雑誌「グッド・ハウスキーピング」でディズニー・ページの掲載が開始される頃、すでにディズニー作品の読者たちは物語が詩で綴られる形式に慣れ親しんでいた。「Mickey Mouse Magazine」（1934年）に掲載された作品「Puppy Love」はその一例。

内容：ある春の日、ミッキーは愛犬プルートと一緒にミニーの家に遊びに来る。ミッキーとミニーが歌をうたって楽しく過ごすかたわらで、プルートはミニーのペットのフィフィに恋をする。犬たちはミッキーが持ってきたプレゼントの箱を開け、お菓子を食べた上に、中に骨を隠してしまう。何も知らないミッキーはその箱をミニーに渡し、ミニーはひどく傷ついてしまう。しかしフィフィがミニーに事情を話して問題は解決。そして再び、2組の幸せなカップルが誕生しました。

1936年半ばまで韻を踏ませた文章のみで表現されていた。これらの傾向を踏まえれば、GHのディズニー作品に詩が用いられたことは自然な成り行きである。

それらの詩と一緒にGHで掲載された絵柄には、多くの読者を魅了しただけではなく、もうひとつ重要な役割を持つことになる。1934年頃には、ディズニー・アートを使用した印刷物や広告が急増していたが、絵柄のクオリティにはまだバラつきがあった。スタジオのモデル・シートに的確に従い、美しく仕上げられた絵柄の絵本や製品もあったが、多くの製品ではライセンシーが手配した書き手によって描かれた、モデルに沿わない作品が使用されていた。特に有名なのが、1933年のミッキーマウスの腕時

ドナルドのモデル・シートとして先に制作されたのはどっちか？ 上段のフェルディナンド・ホーヴァスの作品だとする向きもあるが、下段の「かしこいメンドリ」用に制作されたものが先であった可能性が高い。ピーター・メロロ氏が所有する原画から複製されたこのモデル・シートの作者は不明。

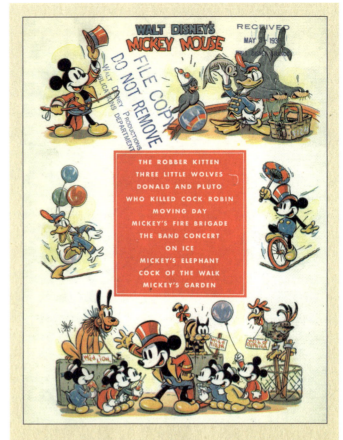

1937年には、「グッド・ハウスキーピング」のディズニー・ページから11作品をセレクトした本「Walt Disney's Mickey Mouse」がWhitman社から出版された。表紙には「ミッキーのサーカス」（1936年、本書43ページ）の絵柄が使用されているが、なぜか本の中には登場しない。

計だろう。当然ながら、ディズニーとライセンス担当のケイ・カーメンは、宣伝用アートの品質を上げるため世界共通の基準が必要であることは認識しつつも、まだその方法は見つかっていなかった。

そこに大きく貢献したのが、GHで掲載されたディズニー作品群であったことが、調査によって明らかになった。GHはフルカラー雑誌として長い制作期間を要したため、映画公開前にディズニーが提供する絵柄としては最も早い段階のものだった。よって映画公開前の宣伝や商品の絵柄には、GH用の絵柄がモデルとして使用されることが頻繁にあった。

GHのディズニー・ページを厳選し、そのまま収録した出版物もあれば、絵柄のみを流用して別のディズニーの物語と組み合わせたり、GHで掲載された詩を通常の文章、散文に置き換えた書籍などでも出版された。また中には、ディズニー・アニメーション用のあらすじを書く際、作品自体を鑑賞せず、GHの記事を参考に書き上げるライターも多くいた。そういった書き手たちは、GHでの記事が映画制作の初期段階に仕上げられており、完成した映画と必ずしも同じ内容とは限らないことを把握していなかったようだ。時には、その長い制作期間のために、映画とGHでシナリオが全く違ったものになることもあったのだ。

それら公開映画との相違点は、現代の研究者にとって特に興味深い部分である。戦前のディズニー短編映画では、ストーリー・ボードとして使

用されたコンセプト・アートなどが、アニメーションの制作段階に入ると破棄されるものも多く、試作段階の資料は今日わずかしか残っていない。制作初期の脚本や打ち合わせでのメモ書きなどは、当時却下された内容を知る貴重な存在であるにもかかわらず、アニメーション黄金時代の作品ですら、ほとんど残されていない。

それ故に研究者たちにとって、GH のディズニー連載の記事は資料として十分すぎると言ってもいいだろう。「ドナルドの駅長さん」（1937 年）

では、映画が完成するよりも 1 年近く前に完成しており、GH の誌上で登場しているミッキーが、公開された映画には出演していない。「ミッキーの大時計」（1937 年）の場合、映画のビッグ・ベンのような大時計が、GH では古いハト時計として登場し、一連の愉快な出来事も映画には反映されていない。「食いしん坊がやって来た」（1939 年）のガチョウのグースは映画と違いぼんやりと間抜けなキャラクターとして描かれているし、「子供の夢」（1938 年）の 3 つ子の赤ちゃんたちも、映画に比べ 3 人の個性に違いがない。中には「Donald's Elephant」や「The Delivery Boy」など、GH で掲載されたにもかかわらず、映画公開されなかった作品もある。

現在の私たちの視点からすれば、当時のディズニーが完成よりもはるか前から宣伝を行っていたことは驚きであり、アニメーションの制作段階の構想や陽の目を見ることのなかった筋書きに触れることができるのもそのおかげである。そして、ディズニーが映画制作の初期段階でどのようなビジュアルを描いていたかを知るには、GH の記事以上の素材はないであろう。当時の愉快な表現や、ディズニーの歴史、見事なアート作品の数々を記録した GH のディズニー・ページは、貴重な資料集である。

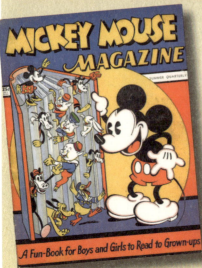

「グッド・ハウスキーピング」のディズニー・ページは、各ページそれぞれに、数えきれない多くの書籍の中に再登場した。ニュージーランドで出版された「A Fine Book for Children」（およそ 1942 年）は、希少なコレクションのひとつだ。表紙には「Mickey Mouse Magazine」（1935 年）の絵柄を流用しているが、ドナルドダックの姿などを比較すると、きちんと当時の最新モデルに更新されているのが分かる。

次のページから掲載する「映画のストーリー」では、GH で掲載されたミッキーやドナルドのお話に合わせ、短編映画のあらすじを紹介しています。また「雑誌について」では、歴史的かつ評論的な視点から映画と雑誌を比較しながら、当時の制作背景を解説しています。

ディズニー作品に関連した出版物の中でも、今回のような内容の本は恐らくこれまでにないものでしょう。ぜひお楽しみください。

——デイビッド・ガースタイン

THE WALT DISNEY'S GOOD HOUSEKEEPING PAGES
グッド・ハウスキーピングの
ディズニー・ページ

Copyright © 2018, Hearst Communications, Inc. All rights reserved.

雑誌「グッド・ハウスキーピング」について：
1885年創刊の月刊誌。読者やその家族の生活向上を図ることを目的に、家庭用品の評価や、食事、健康問題を積極的に扱う。現在もハースト社から発行されており、3千万を超える読者を持つ。

ミッキーの大演奏会

THE BAND CONCERT [1935年1月]

映画のストーリー

フランス人作曲家ルイ・エロルドのオペラ「ザンパ」の演奏を終え、ミッキーマウスの音楽隊は観客に向かってお辞儀をしました。公園の敷地で開催されたコンサート、音楽隊の指揮者はミッキー、クラリネットはグーフィー、フルートはクララベル・カウ、ホーレス・ホースカラーはドラム、ピーター・ピッグがトランペットで、パディ・ピッグはチューバ、そしておヒゲの紳士犬がトロンボーンです。そしてロッシーニ「ウィリアム・テル」の美しい序曲が始まったのもつかの間、事件発生です。「ポップコーン！ピーナッツ！レモネード！」と大きな声が聞こえてきました。

お菓子を売りにやってきたお調子者のドナルドダックが、横笛で「わらの中の七面鳥」を吹き始めると、音楽隊もそのメロディーにつられてしまいました。怒ったミッキーが笛を取り上げますが、ドナルドは手品のように新しい笛を次から次へと取り出します。トロンボーンの紳士犬がようやくドナルドを捕まえて、隠していた笛を全部振り落としたのでした。

それから演奏隊は一匹のミツバチに邪魔されたりもしますが、「ウィリアム・テル」の「嵐」の演奏と同時に、事態は急展開。巨大な竜巻が発生し、ミッキーたちはあたりの物と宙へ巻き上げられてしまいます。ピーターは飛んで来たフェンスに引っ掛かり、クララベルのフルートには洋服が巻きつきますが、ミッキーの指揮と一緒に音楽隊は演奏を続けます。それから嵐は徐々に静まり、モミの木を飾るように演奏家たちを枝に引っ掛けました。コンサートが終わりを迎え、残った聴衆は……ドナルドただひとり！

雑誌について

ミッキーが初めてカラー作品に登場したのは1932年の宣伝用作品「ミッキーのアカデミー候補者パレード」だが、短編映画としては「ミッキーの大演奏会」（1935年）が最初であり、白黒からカラーへと切り替わった重要な作品である。そしてこの時期を境に、映画のテーマやミッキー自身のキャラクターも次第に変化していく。

モノクロ時代は、大胆で少し風変わりなミッキーが冒険に出かけたり、音楽に乗せて動物の群れを率いたりしていた。一方カラー時代に入ると、ミッキーはディズニー・スタジオのシンボルとなり、映画の中ではコメディアンではなく、ヒーローとして模範的な存在であることが求められるようになった。新しい脇役たちの登場で、ミッキーの存在感は小さくなり、ドナルドダックやグーフィー、特にプルートの出演時間が増えていった。

「グッド・ハウスキーピング」版の「ミッキーの大演奏会」のミッキーは、まだモノクロ時代の面影が強く残っている。物語の詩も、クララベル・カウやホーレス・ホースカラーといった初期のスターにはそれぞれ1節割り当てられているのに対し、ドナルドやグーフィーはまだおとなしく、節も半分だけである。グーフィーにおいては、名前も旧名のディッピー・ダウグが使用されており、ヤギのギデオンという映画版では登場すらしない印象の薄いキャラクターと一緒に登場している。

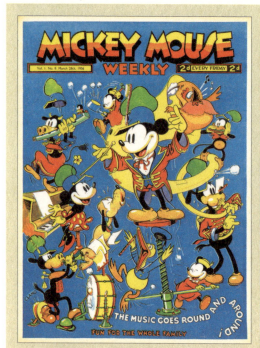

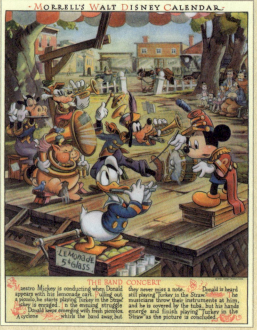

左上：「ミッキーの大演奏会」を描いた作品の中でも、特に楽しさが表現されているウィルフレッド・ホートン作「Mickey Mouse Weekly 8号」（1936年、イギリス）の表紙絵。

右上：Morrell社の1942年ディズニー・カレンダーでは、8月のページに「ミッキーの大演奏会」をイメージした作品が登場する。絵柄をよく見ると、「グッド・ハウスキーピング」版で登場したキャラクターの姿もある。

右下：クララベル・カウのパートナーと言えば、ホーレス・ホースカラーだがふたりが常に一緒だったわけではない。演奏会の中で、クララベルはグーフィー（ディッピー）にも興味を示している。

ミッキーの大演奏会

指揮者ミッキーの合図で始まった、牧場音楽隊の演奏会。
でもドナルドのクラリネットの音色、
まるで風邪をこじらせたネコのよう。

コルネットを吹くヤギのギデオンはなかなかの腕前。
かわいそうなのはディッピーで、
4曲も演奏したから、唇がパンパン。

その昔、アルトホルンを演奏していたクララベル、
今はフルート奏者です。
「お上品なところが合ってると思うの」

ビー！ ボン！ ガチャガチャ！ バン！
カー杯打ち鳴らすホレースの演奏は
ひどい騒音だけれども、彼はそれが楽しいみたい。

ピーターが吹くチューバの音は、
はるか彼方のキューバにだって届きそう。
大騒ぎの演奏会に、お客さんたちは大喜び！

ミッキーの害虫退治

MICKEY'S GARDEN [1935年3月]

映画のお話

ミッキーとプルートが、虫退治のスプレーを持って畑をパトロールしています。でもアリに、ハエ、毛虫にナナフシ、畑を乗っ取る虫たちはミッキーが現れるとあっと言う間に逃げ隠れ、いなくなるとまた野菜を食べに戻って来るのでした。プルートが威勢よく虫たちに飛びかかりますが、残念ながらカボチャに頭が刺さってしまいます。悩んだミッキーは、大きなたるにガソリン、消毒液、タールを混ぜて、もっと強力な殺虫剤を用意しますが、カボチャが刺さったプルートに激突されて、自分にスプレーを吹き付けてしまいました。

毒薬で気を失いかけたミッキーがふたたび意識を取り戻すと、目の前にはいたのは巨大に成長した野菜や虫たち！そして、大きなハサミを持った怪物が胸を打ち鳴らすと、虫たちがいっせいにミッキーとプルートに襲いかかりました。ムカデに放り投げられたプルートはホタルに飲み込まれ、ミッキーは食いしん坊のイモムシを見事に退治したものの、ハチやキリギリスには歯が立ちません。

そしてまたもやイモムシに追い回され、取っ組み合いを始めたミッキーは、次第に目を覚まし、虫も野菜もいつもの大きさに戻っていることに気がつきます。プルートの頭が刺さっていたカボチャが飛んで来て、最後はミッキーがカボチャの中に入ってしまうのでした。

雑誌について

イマジネーションにあふれた作品「ミッキーの害虫退治」は、「グッド・ハウスキーピング」（以下 GH）で別の要素が加えられている。映画ではミッキーが巨大な虫と戦うスリルがあるのみで、ストーリーに特別な意味はないが、GH 版の中ではミッキーが巨大な虫たちとの遭遇で、あ

プレス向けに配布されたモデルシート（1935年）

る学びを得るのだ。とは言うものの、その「学び」には疑問が残る。かつて虫たちを駆除することに心を痛めていたミッキーだが、立場が入れ替われば虫たちも自分に同じことをするだろうと解釈し、ためらうことをやめてしまうのだ。（それって、どうなのミッキー？）

上手く仕上げられた GH 版「ミッキーの害虫退治」は、「Walt Disney's Comics and Stories 10 号」（1941年）で子供向けの物語となって再び制作されている。絵柄には GH の作品と一緒に新たな作品が使われ、裏面には 1935 年の映画制作時の貴重なスケッチなども掲載された。（本書 18、19 ページに掲載）

左：「ミッキーの害虫退治」では、シリー・シンフォニー「アリとキリギリス」（1934年）の主役のキリギリスがパロディ版悪役として登場している。モデルとなったキリギリスの声を担当したピント・コルヴィッグ（グーフィーの声で有名）が「アリとキリギリス」の中で歌った「The World Owes Me A Living」のメロディが流れ、独特な笑い声も同じである。

畑で眠ったミッキーが
ある日見た、不思議な夢。
虫たちが自分みたいに大きくなって、
自分は虫たちみたいに小さくなった。

ミッキーの害虫退治
'Mickey's Garden'
FROM THE
WALT DISNEY
MICKEY MOUSE

恐ろしい怪物のクワガタ、
毛虫はまるでヘビのよう、
トンボはでっかく、
ミッキーは震えてかわいそう。

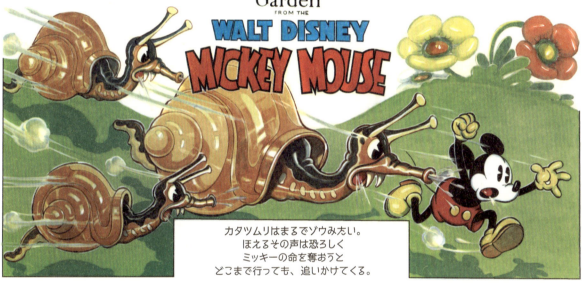

カタツムリはまるでゾウみたい。
ほえるその声は恐ろしく
ミッキーの命を奪おうと
どこまで行っても、追いかけてくる。

ハエの群れが殺虫スプレーで武装して、
ミッキーめがけて飛んで来た。
「散々お前に追いかけられたんだ」と叫ぶハエ。
「今度はお前が逃げ回れ」

ミッキーは目を覚まして言いました。
「殺虫剤は使いたくなかったけど、
でも分かったのさ、虫たちだって
逆なら同じことをするってね」

「ミッキーの害虫退治」は、散文での物語として「Walt Disney's Comics and Stories 10号」(1941年) で掲載された。ミッキーが歌ううたのメロディーは、「Reuben and Rachel」と推測される。

Art attributed to Earl Hurd

♪春の日の、ある青年の夢　素敵な畑のでき上がり
ビーツとローズ、花と人参　あちこち芽吹き、咲き誇る♪

うららかな春の日差しの中、陽気に歌うミッキーは、毎日せっせと畑のお手入れ。豊かな大地を耕して、まっすぐにタネをまき、札もきちんと立てました。

その平和な畑に、ある日虫の大群が押し寄せて来ました。畑を守ろうと、懸命に追い払うミッキーですが、虫たちはあっという間に舞い戻ってきてしまうのでした。そこでミッキーは、強力な殺虫剤を使うことを思いつきます。「こんなもの、本当は使いたくはないんだ」ミッキーはいつも手伝ってくれるミニーに言いました。「だけど、こうでもしなきゃ、野菜も花も食べられちゃうんだ」

「虫さんたちが、可哀想だわ」そう言ってため息をつくミニー。

「僕だってそうさ。でも、ほうってはおけないよ」ミッキーが言いました。

しかし、ミッキーが毎日薬をまき続けたにもかかわらず、虫たちは次から次へとやって来ます。

できたばかりの野菜や、新しい葉をかじろうと、虫はぴょんぴょん飛び跳ね、走り回る。必死の攻防で、何とかひとつ群れを撃退しても、また次がやってくるのでした。

そんなある日、虫退治に疲れたミッキーは畑で眠ってしまいました。すると突然大きな音がして、驚いて目を覚ましたミッキーは、思わず悲鳴を上げました。

なんと、見たこともない奇妙な生き物が取り囲み、ミッキーを睨みつけているではありませんか。しばらく呆気に取られるミッキーでしたが、よく見るとそれは、見慣れた虫たちが巨大になった姿だということに気がつきます。「僕が小さくなったのか、それともヤツらが大きくなったのかな」ミッキーはつぶやきながら、虫たちをまじまじと見つめました。

「ミッキーよ、今度は我々が反撃する番だ」カブトムシが恐ろしい声で言いました。「あの殺虫剤で親戚たちはやられたが、俺は生き残ったのさ！」

すると大蛇のような芋虫も言いました。「長い間、俺たちは散々追い回されたんだ。それがどんなものか、思い知るがいい」

今度は、大きな羽音をたてながら宙を舞う巨大なトンボが、おびえきったミッキーのそばに降り立ちました。「ははは！あの殺虫剤も、もう使い物にはならんな」

「もうなす術がないのさ」そう言ったのは、恐ろしい大ムカデでした。

「君たちを傷つけたくはなかったんだ」事情を分かってもらおうと必死に弁解するミッキーに、別のカブトムシが怒鳴りました。「今さら何を言っても無駄だ」

そこに、凄まじい地響をた

Art attributed to Earl Hurd

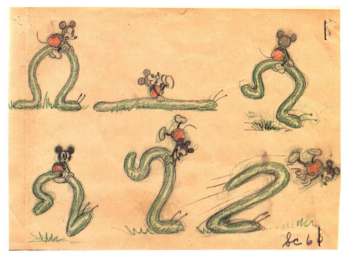

Art attributed to Earl Hurd

てながらやって来たのは、象のように巨大なカタツムリたち。あまりの恐ろしさに耐えかねて、ミッキーが全速力で跳び出すと、うなり声を上げながらミッキーを追いかけて来るカタツムリたち。

　幸い、カタツムリがのろまだったおかげで、すばしっこいミッキーは何とか逃げ切り、息を切らしながらも茂みに身を隠すことができました。

　しばらく辺りの様子を伺い、用心していたミッキー。カタツムリたちが姿を消したことを確かめ、ホッと胸をなで下ろします。「いやあ! 危ないところだった!」

　そしてミッキーが茂みから出て来ると、たちまち羽の音がとどろきました。青空の中、今度はハエの群れが飛んで来たのです。殺虫剤で武装したハエたちの標的になっていることに気が付くと、ミッキーはまたも大慌てで逃げ出します。

　「逃げられないぞ、ミッキーマウス!」その大きな声は、まるで飛行機のエンジン音のよう。

　ミッキーの頭や体をめがけて吹き付けられるのは、冷たく酷いにおいの殺虫剤。ハエたちの大きな羽が空気をかき乱し、行く手を阻みます。

　逃げ惑う中、ミッキーは木の根っこにつまずき、転んでしまいました。大きな音を立て尻もちをついたミッキーと、息巻いて飛びかかってくるハエの群れ。まるであざ笑うように不気味な羽音がミッキーを取り囲みました。

　その騒音で、眠りから覚めたミッキー。おそるおそる目を開けると、我に返るまで少し時間が必要でした。

　いつの間にか眠りに落ちたミッキーは、切り株にもたれかかり、あの奇妙な夢を見ていたのです。怪物たちの喚き声のように聞こえたのは、飛び回る虫の音でした。巨大で恐ろしいハエも、もうどこにもいません。

　「わーい! ただの夢だったんだ!」ハエたちをはらいながら、大喜びで飛び跳ねるミッキー。

　畑へと走って行くと、改めて辺りをじっくり見渡しました。土の上や葉っぱの上、いろんな虫たちがせっせと動き回っています。カタツムリもバッタもカブトムシも、いつものように小さく静かです。

　ニヤリと笑みを浮かべたミッキー。大急ぎで殺虫剤の準備をすると、すぐさま畑に戻り、野菜や花にそれを吹き付けたのでした。「前は気が進まなかったけど、あの夢を見て分かったんだ。もし逆の立場なら、虫たちだって同じことをするってね」

　そしてミッキーは、軽やかな声で歌いました。

　　♪春の日の、ある青年の夢　素敵な畑のでき上がり
　　　虫が来たら、追い払おう　そしたら畑は大丈夫♪

Art by Albert Hurter

ミッキーの消防隊

MICKEY'S FIRE [1935年5月]

映画のお話

消防車に乗ったミッキー、ドナルド、グーフィーが向かうのは、燃え盛る大きなホテルです。でも何を隠そう、おっちょこちょいなヒーローたち。ミッキーはうっかりグーフィーの足を消火栓にとりつけようとしてしまいます。勇敢に建物に飛び込んだドナルドとグーフィーでしたが、あっと言う間に火と煙に追い出されてしまいました。ミッキーはようやくホースを取り付けたのに、水の勢いでコントロールが利きません。

ついに建物に突入し、ドナルドはハエ取り紙で火を捕まえようと試みますが、あえなく失敗。グーフィーが窓から放り出した年代物の椅子や机は、すべて消防車の蒸気ポンプの中に落下して、結局燃えてしまいます。ミッキーが登っていたハシゴは火で断ち切られ、飛ばされたミッキーは煙突から暖炉へ落っこちてしまいます。

すると聞こえてきたのは、お風呂で音階の練習をするクララベル・カウの歌声です。グーフィーが小窓からのぞき込み、ホテルが燃えていることを説明しますが、驚いたクララベルは話を聞こうとしません。ミッキーとドナルドは、仕方なく丸太替わりに抱えたグーフィーでドアを突き破り、部屋に突入。ハシゴの上を滑らせて、バスタブごと何とかクララベルを救出しました。助け出されたお姫様は、何が何だか訳が分からず、ミッキーたちの頭をブラシでポカポカとたたいたのでした。

雑誌について

「グッド・ハウスキーピング」（以下GH）の1ページに「ミッキーの消防隊」すべての出来事を収めることは不可能だった。そこでディズニーの担当チームは、物語には触れず、アニメーションの世界観や各キャラクターに焦点をあてることを選択。ミッキーがホースに遊ばれてしまう場面などは、短い詩の中で見事に表現されている。ドナルドとグーフィーのハプニングは、GH版で加えられたものだが、映画の雰囲気を残したものだ。うぬぼれ屋のドナルドは、英雄になろうと早とちりをし、間抜けなグーフィーは目の前のことに夢中になって、やるべきことを忘れてしまう。

クララベルの存在はGH版では忘れ去られたが、代わりにトム・ウッドとライターは別のエンディングを用意した。消防士としては失格のヒーローたちだが、失敗よりも頑張ったことが大事なのだ。このGH版の少しダークな喜劇は「Walt Disney's Comics and Stories 11号」（1941年）に散文の物語として再登場した。

またD.C.Heath社の「Donald Duck and His Friends」（1939年）でも「The Fire Engine」のタイトルでGH版がリメイクされている。屋根に穴は開けてしまうが、建物が焼けてしまう部分はカットされている。この作品には、トム・ウッドが新しい絵柄を制作しており、GH版に大幅な変更が加えられている。

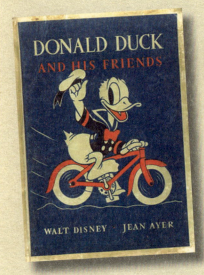

GH版「ミッキーの消防隊」は散文の作品として、D.C. Heath社から出版された単行本の中でも登場した。トム・ウッドが新たに描いた絵柄では、キャラクターたちのデザインが、1939年当時のモデルに更新されている。

WALT DISNEY'S
MICKEY MOUSE
IN Mickey's Fire Brigade
ミッキーの消防隊

「火事だ！火事だ！」電話の向こうで叫ぶ声、
立ち上る煙！舞い上がる炎！
そして現場に駆けつけたのは、ミッキーマウスの消防隊。

大きなホースを操るのがミッキーの仕事。
でも大変、ミッキーの顔が真っ赤っか。
だって、反対にホースに操られているんだもの！

いつもお上品なグーフィーは、屋根の穴開けが大好き。
それが役立つことってないけれど
とにかく楽しいから、いいみたい！

勇敢なドナルドは家の中。
女性を見つけて叫びます「一緒に来るんだ！」
救出成功と思ったら、助けたのはただのトルソ！

煙と炎がおさまり、消防車に乗って帰る準備。
凄かった今回の火事、
家？たぶん、燃えちゃったよね！

> 「ミッキーの消防隊」が誕生する以前、モノクロのミッキー、ミニー、ホーレスの冒険を描いた短編映画「ミッキーの消防夫」(1930年) という作品がある。ここでは、単行本「Mickey Mouse Illustrated Movie Stories」(1931年) で、散文の物語として掲載された作品を紹介します。

古びた消防署でグウグウ眠る、
ミッキー隊長と勇敢な消防隊員たち。
昼夜を問わず、待機するのは
恐ろしい炎から街を守る為！

そう、チェッカーをしたり蹄鉄投げをしたり、消防員たちは今日も1日忙しく過ごしました。

ミッキーマウスは隊長なので、ひとり部屋で眠ります。

「ガァーズゥー、グゥーゴォー」その大きないびきに合わせるように、天井から吊り下がったクモが上がったり下がったり。今にも飲み込まれそう。

ここでは消防車を引くウマも、ベッドで眠ります。飛び起きてすぐ準備ができるよう、きっちり馬具も用意されています。

そんな夜、見通しの良い通りの向こうに煙が上がり、燃え盛る炎の音で街中が目を覚ましました。

通りの向こうから、シャツの裾をたなびかせ、スリッパを履いた子犬がかけてきます。「火事だよ！火事！」大声で叫びながら警報の鐘を鳴らします。カーン、カンカーン、カカカカーン、その音は夜通し鳴り響きました。

ただちに準備を始めた隊員たちで、署内は大騒ぎです。

真っ先に飛んできたダチョウ、
天井の大きな穴に首を伸ばす。
2階の床からひょっこりのぞくダチョウの頭、
大きな鳴き声で居眠りしていた隊員も飛び起きる。

みんな転がるように大急ぎ。
飛び出たダチョウの首に捕まって、
下で待つズボンやブーツめがけて
次から次へ滑り降りる。

クルクル回って降りるのはミッキー隊長。
それに続いて胴の長いダックスフンド、
次に飛びついたちっちゃな子犬、
あやうくダチョウの口の中へ。

最後に飛びついた、どっしり重たいウマ、
猛スピードでダチョウの首から降りるけど、
それがもう笑わずにはいられない。
かわいそうなダチョウがペッタンコ！

バン！大きな音を立て消防署の扉が開くと、勇気に満ちた隊員たちが飛び出しました。燃え盛る火から街を守るため、決死の覚悟です。消防車の操縦席にはミッキー隊長、隊員たちはハシゴの上。その長いハシゴの一番後ろを持ってダチョウも走ります。

パカラッ、パカラッ！消防車を引くウマが足音を立てて走り、ミッキーは連れてきたネコの尻尾を回します。「ウウウゥー、ウウウィー！」その鳴き声がサイレンの代わり。

炎も恐れず、立ち向かう──
すごいぞ、疲れ知らずのミッキー隊長！
ハシゴを駆け上り、窓をたたき割れ。
水で滑って、床の上に転倒だ。
煙で息ができないし、前も見えないけれど、
そんなの平気さ──だって僕らは勇気あふれる消防隊員！

すべては順調に行くはずでした、ダチョウがよろけてしまうまでは。ダチョウは石ころに足を引っ掛けて、頭から転んでしまいます。おかげでハシゴも、乗っていた隊員もみんな落ちてしまいました。今度は消防車が岩に乗り上げて、大きく飛び跳ねますがなんとか着地。でも現場に着く頃、残っていたのはウマとミッキー隊長とタイヤだけでした。

「よーし!」隊長の掛け声に合わせ、ウマは消火栓の前で止まりました。そして観衆の声援を受けて飛び降りたミッキーは、ようやく消防車のありさまに気がつきます。何とか残ったホースを引っ張って、大急ぎで消火栓に取り付けました。ホースの先を持って燃え盛るビルに向かったミッキーは、ウマに水を出すよう合図を送ります。

キュルルル、キュルルル、古びたレバーを回しても
水は流れず、ホースは縮んで丸いまま!
走って戻り、ホースを引っこ抜いたミッキー隊長
用意したバケツに、消火栓ごと絞り出した!
でも走る間に水がこぼれて、火元に着くとバケツは空っぽ!
名案を思いついたウマ、水たまりの水を吸い込んで、
火事に向かって口から放水!
バチバチと音を立てる炎の中へ
救出に向かうミッキー隊長。
その頑張りも虚しく、
ヘビの舌のような炎に追い返される。
集まってきた有志たちが、
大きなベッドを持ってきたのは
落っこちる者たちを受け止めるため! でもそう上手くは行かず
みんな地面に、ごつんと着地。

そこに聞こえてきたのは、助けを求める叫び声。「助けて! 助けて! 私はここよ!」声を聞いたミッキー隊長が見上げると、はるか上の窓から身を乗り出していたのはミニーマウスでした。黒い煙に息を詰まらせる彼女に、激しい炎が迫ります。

ミニーの大ピンチにミッキー隊長
負けないように、声援を送る。
1階、また1階、非常階段を駆け上がり
愛するミニーを助けなければ。

そして、物干しロープのズボンに乗り込むミッキー隊長。ぐいぐいロープを引っ張って、燃え盛るビルへと近づきます。気を失ってバランスを崩したミニーが、窓から落ちかけたその瞬間、間一髪たどり着いたミッキーが捕まえました。

すると今度は物干しロープに火が飛び移ってしまいます! ミッキー隊長は大急ぎで戻りますが、あっという間にロープが切れて、ふたりは宙返りをしながら真っ逆さま。ところが次の瞬間! ズボンが大きなパラシュートのように広がって、ミッキーとミニーを無事地上へと送り届けてくれたのでした。

大歓声に包まれながら、ミッキーとミニーはズボンの足から抜け出すと、互いに微笑み合って愛情いっぱいのキスを交わすのでした!

音を立てる炎と燃え上がる家
ミッキーマウスは恐れない!
火が燃え上がるほど、煙が黒いほど、
彼はうれしくなるのさ「そんなの冗談!」

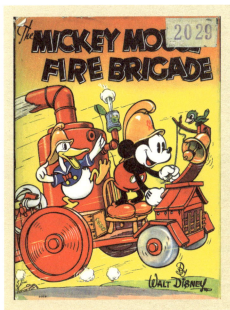

Whitman Publishing 社から、1936年に出版された単行本の表紙。当時「ミッキーの消防隊」は出版物として、いくつもの作品が制作されており、この表紙で描かれた消防車のデザインを見ると、GH版から大きな影響を受けていたことが分かる。

ミッキーのマジック・ハット

MICKEY'S MAGIC HAT ［1935年7月］

映画のストーリー

　ときは1936年。もうじきオペラの舞台が幕を開けます。ミッキーから家に戻るよう言われたプルートでしたが、舞台の奥で不思議な帽子を見つけてしまいました。オペラが始まり、クララ・クラック演じるジュリエットに、ロミオ役のドナルドダックがガーガーと愛を歌い上げる中、逃げる帽子と追いかけるプルートが飛び入り参加。帽子がトロンボーンの中に逃げ込むと、今度はそこからハトやウサギが飛び出して、舞台の上は大騒ぎ。

　時は変わって1937年にお目見えした、もうひとつの名舞台があります。裏方グーフィーの照明にてらされて、見事な魔術を披露するのはミッキーです。帽子から、鳥や獣を次から次へと取り出すミッキー。それを邪魔しようと、舞台に上がってきたドナルドは、ミッキーの魔法の杖を横取りします。お返しにミッキーは、ドナルドの口から大量のトランプを出したり、爆発するアイスクリームでいたずらをします。さらに、ドナルドを小さくすると、魔法のピストルを使って卵の中に閉じ込めてしまうのでした！元の姿に戻ったドナルドはそのピストルを手に入れますが、今度はそこから花火が飛び出して、ミッキーやグーフィーも一緒に、大パニックのまま舞台は幕を閉じるのでした！

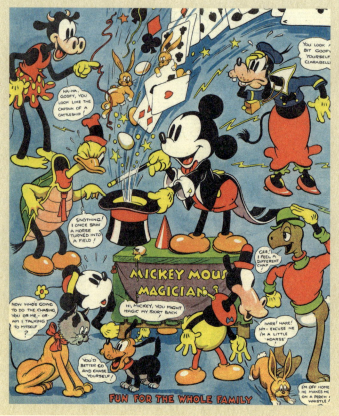

左：ウィルフレッド・ホートンによる「Mickey Mouse Weekly 50号」（1937年イギリス）の表紙。「ミッキーと魔法の帽子」の世界が、かなり奔放に描かれている。

下：ウサギのマックス（下）の顔が、カメのトビー・トータスに！

雑誌について

　「グッド・ハウスキーピング」（以下GH）の「ミッキーのマジック・ハット」は、ふたつのアニメーションを融合させて制作されており、それはGH史上2件ある特別なケースのひとつだ。

　1935年3月、ディズニーは「ミッキーのボードビル」という名称で、前半がミッキーとドナルドのマジック、後半がドナルドのオペラ、という2部構成の企画を立ち上げた。オペラが盛り上がる中、マジック・ハットを夢中で追いかけるプルートが舞台に登場する筋書きだ。

　企画が進むにつれ、ディズニーの中ではオペラとマジックを一作品に詰め込むことへの違和感が増していった。それぞれ独自の作品として成り立つ魅力を持っていたからだ。しかしふたつはマジック・ハットで繋がっているだけに、どう切り離すべきか。マジック・ハットの2作品を同時公開？

　結論は、ふたつを完全に切り離すことだった。どちらにもマジック・ハットが登場するが、できる限り別のものとして扱うのだ。例えばオペラ作品での帽子は、ミッキーの所有物という設定が取り除かれ、また各作品の公開時期をずらすことになった。

　「ミッキーと魔術師」を先に、そして期間を空けずに「ミッキーのグランドオペラ」を公開するという方針で企画は進んでいたようだ。その合間を縫って制作されたのが、GHの誌面用「ミッキーのマジック・ハット」だ。そこでは、プルートがお話の主要キャラクター、ドナルドも舞台の出演者として設定され、「ミッキーのボードビル」からの要素が引き継がれている。

　GH版の制作は予定通り進んだが、短編映画は当初の予定とは逆になり、「ミッキーのグランドオペラ」を1936年に先行して公開。改良が加えられることとなった「ミッキーの魔術師」は、1937年の公開となった。プルートの姿は消え、ドナルドも舞台の出演者ではなく、おなじみのセーラー服姿で野次を飛ばす観客として変更されている。GH誌の「ミッキーのマジック・ハット」は、これらの企画当初の内容が残された貴重な資料である。

「ミッキーのグランドオペラ」の宣伝用作品。ドアマンを担当したはずのグーフィーですが、完成した映画には登場しませんでした。もしかして、寝坊したから？

WALT DISNEY'S
MICKEY MOUSE
IN Mickey's Magic Hat
ミッキーのマジック・ハット

ミッキーのマジック・ハットから
あれこれいろいろ飛び出して
お客のみんなは大喜び！劇場中が大興奮！

「僕、こんな帽子にだまされないぞ！」
プルートがのぞき込むと、飛び出したのは
ウサギとハト、さらにクリスマス・ツリー！

「さあみなさん、目にも止まらぬ早業だよ！」ミッキーが言うと
「なんだい、そんなの！」そう言ったのはドナルド。
「どんな間抜けだって、だまされないさ！」

帽子を見せながら「このとおり、中には何もありません！」
ミッキーがそう言って、帽子をコンと叩いたら
飛び出したのは、ちっちゃいドナルド！

何がなんだか、ドナルドはもうお手上げ。
家に帰っても、目の前はチカチカ
悔しいけれど、ミッキーは凄いヤツ！

「ミッキーのマジック・ハット」は単行本「Walt Disney Silly Symphony: Mickey's Magic Hat and The Cookie Carnival」（1937年）の中で、長編の作品としてリメイクされた。GH版を膨らませたストーリーに、シリー・シンフォニーの「捨てられた人形」（1935年）の絵柄も使用された。

ついに、マジシャンになったミッキー。それは、偉大な師匠バルドーのおかげです。ミッキーはあっという間に成長し、周りの友達を驚かせるだけの技を身につけました。

もちろんそれは簡単なことではなく、訓練には何週間もの期間が必要でした。ミッキーが諦めかけたのも、一度や二度ではありません。その厳しさを忠告していたバルドーでしたが、修行中はいつもミッキーを励まし続けたのでした。

「できました」バルドーの得意技をやって見せたミッキーはうれしそうに言いました。「これでマジシャンの仲間入りですよね」

するとバルドーが答えました。「悪くはない、ミッキー。ただし、まだお前が思っているほどではないぞ」

ミッキーは、簡単な技をプルートに試してみることにしました。練習台にプルートほどの適役はいないでしょう。ミッキーのマジック・ハットを見つけたプルートが近づいてくると、いよいよミッキーも準備を整えます。

プルートは帽子を眺めて考えた
「僕、こんな帽子にだまされないぞ！」
ところがウサギとハトが飛び出して「ワォ！」
最後はクリスマス・ツリーでしめくくり。

プルートの驚きようったら、ありませんでした。思いもよらない出来事に、耳が飛び上がったのも無理はありません。他にも何か飛び出すのではないか、とおそるおそるマジック・ハットをさわろうとするプルート。

「帽子に気をつけて」と言いつつ、ミッキーはマジックの成功に大満足。

次に試したのはドナルドです。彼自身いくつかの技を持つドナルドは、簡単なお相手ではありません。

「プッ！プッ！ミッキーがマジシャンだって！笑っちゃうね。プルートには上手く行けたけれど、しょせんは間抜けな子犬。賢いドナルドをだませるか、ミッキーマウスのお手並み拝見と行こうじゃないか」そう考えていたドナルドは、みんなに聞こえるよう声に出して言ってみせました。

これもまた、ミッキーの思惑通り。ドナルドに近くに来るよう呼び寄せました。

「こりゃあ面白そうだ」ドナルドはホースカラーやクララベルたちに向かって言いました。「すぐに戻って、全部教えてあげるよ。あー、楽しみだ！」

いたずらっぽい目をしたドナルドが気取った風に歩いて来るのを見て、ミッキーはうれしくて仕方ありません。今やミッキーマウスは本物のマジシャン！そう、これは愉快なことになりそうです。

「やあ、ミッキー」と無邪気に振る舞うドナルド。

ミッキーはこの時を心待ちにしていたのです。緑色の衣装を着て、準備を整え、マジック・ハットを取り出しました。

「さあみなさん」響くミッキーの声「さあ、
目にも止まらぬ早業だよ！」
「馬鹿ばかしい！」とドナルド
「どんな間抜けだって、だまされないさ！」

ミッキーが取り出した、からっぽの帽子
「このとおり、中には何もございません！」
そんな帽子を、ミッキーがコンコンと叩いて
ふたりの小さなドナルドが飛び出した。

誰より驚いたのはドナルド！目をこすってから、もう一度こすってみました。そこにいたのは、ミッキーマウスと、マジック・ハット、そしてふたりの小さなドナルド。目の錯覚に違いない。いいえ、やっぱりそこに

いるのです。でも何より悔しいのは、ミッキーがにっこり笑ってること。

「馬鹿ばかしい！　そう言ってたよねドナルド？　まだそこにいてよ、見せたいものがあるんだ」

そしてミッキーが帽子から取り出したのは、レッドビークじいさんと、ふとっちょおばさん。マジック・ハットには世界中のトリックが隠されてるみたい。静かなドナルドを見て、具合でも悪いのかと気になったミッキー。だって静かなドナルドなんて、ドナルドじゃありません。

何を隠そう、ドナルドは具合が悪かったのです。頭の中がグルグル回って、煙にでも巻かれたよう。

かわいそうに、もうお手上げのドナルド
目の前はチカチカ
何とか家に帰って考えた
悔しいけれど、ミッキーは凄いヤツ！

具合はさほど酷くはなく、次の日にはすっかり元気になったドナルド。でもホースカラーやクララベルには、何も言いませんでした。

「目にもとまらぬ早業だよ」ミッキーの言葉を思い出したドナルド。

自分の目に見えないなんて、ドナルドには信じられないのです。

その日の午後、怪しまれないよう気をつけて、ドナルドはミッキーマウスを呼び出しました。

「良くできたトリックだったよ、ミッキー」ドナルドはミッキーを褒めてみました。「君はまさに最高のマジシャンだ」

「そうかな」少し控えめにミッキーはうなずきました。

「何か他にも見せてくれないかい、ミッキー」ドナルドは巧みに促します。

自慢屋ではないミッキーを、おだてすぎてはいけません。トランプのマジックを披露したミッキーが呼び出したのは子ネコ、ウサギにハト。

ミッキーは、頭の中で常にステージに立つ姿をイメージしています。

ミッキーのマジック・ハットから
あれこれいろいろ飛び出した。
お客のみんなは大喜び！
彼の見事な腕前に、劇場中が大興奮！

「今のはどうだった？」ミッキーは自信を持って聞きました。

「凄いよ！」とドナルド。「良かったよ、さあもっと見せてよ」

ミッキーがあとふたつ披露すると、ドナルドは満足そうにうなずきながら、さらにリクエスト。

ミッキーは少し不愉快になってきましたが、古いトリックをやって見せ、続いてもうひとつ披露しました。でも、新作を待っていたドナルドは、全く興味がなさそうです。

ようやくミッキーの演技が終了。

「もう他にはないの？」無邪気そうに言ってみたドナルド。

「もちろんあるさ。でもそれは後に取っておくよ」ミッキーは答えました。

するとドナルドは満面の笑みを浮かべると、ようやく帰ることにしました。次の舞台でミッキーが何をするのか、楽しみで仕方ありません。だってミッキーは、ドナルドに全部の演技を見せてしまったんだもの。

イギリス版「ミッキーのマジック・ハット」のリメイク。珍しいコミック風作品の作家は不明。Birn Bros 社の「The Donald Duck Book」（おそらく 1937 年）で掲載された。

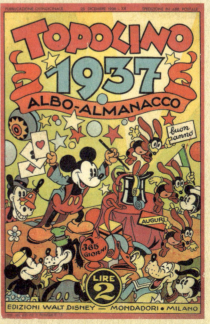

イタリア書籍「Topolino 1937」（1936 年）の表紙絵。「ミッキーのマジック・ハット」をイメージしたアントニオ・ルビーノの賑やかで素晴らしい作品。

イギリスで出版された「Mickey Mouse Annual 8号」(1937年) の中で、Wilfred Haughton によって「ミッキーの魔術師」が制作された（上部）。一方、「ミッキーのグランドオペラ」も、「Mickey Mouse Weekly 35号」に登場し、以下がその文章（語るのはミッキー!）とイラストである。

　やあみんな！音楽ってさ、あちこちに溢れてるよね。思いもよらない場所で、聞きたくもないのに流れてきたりさ！

　まあ今日はそのことじゃないんだ。お話したいのは、世界の音楽界を揺るがした名舞台、僕のオペラ作品のことさ。あまりの衝撃に、劇場の屋根まで落っこちたんだから！

　ディズニーさんがこの出来事を映画化することになって、「ミッキーのグランドオペラ」と名付けてくれたけど、大成功したのはクララ・クラックのおかげなんだ。

　牧場の歌姫クララは、ある日占い師に会いに行ったんだ。そう、あの色あせたカードを使って、真面目な顔でガラス玉を見つめながら、分かったようなことを言う人たちさ！

　クララは、予知能力を持つとかいうバク・アリーってメガネ姿の占い師に言われたのさ。才能を無駄にしてる、きちんと歌を始めればオペラの舞台で大成功できる、ってね。（ホレース・ホースカラーは、「もしも、きちんと歌えるならね！現時点で言えるのは、そりゃ悲劇だよ！」て言ってたけど）

　それで居ても立ってもいられなくなった彼女が、僕のところに来たんだ。「ミッキー、私あなたを大成功させに来たの」そんなことを言われたら、僕だって聞かないわけにはいかないし、話を聞くことにしたのさ。

　今詳しくは話さないけど、とにかく僕は「ロミオとジュリエット」の舞台に資金を出し、クララを主役に据えることを約束したんd。ただ、クララのきらめく歌声に似合う声を持つ、ロメオ役を見つけるのに苦労したよ。

　リハーサルには随分と時間をかけたけど、ただひとり、どうにもお手上げだったのがロメオのドナルドダックさ！もちろん彼の声がきらめく歌声と程遠いのは知ってたけど、背に腹はかえられないからね！

　リハーサルの話はこれ以上聞かせられないよ。あまりに痛々しくてさ。歌い手たちは、僕が半音上げだって言っても、半音下げるんだもの。

　楽団にはとても優秀なメンバーをそろえ、ドアマンにはグーフィーを採用して、町中で公演を宣伝したよ。そして——

　ついに公演日の素晴らしい夜、観客たちも詰めかけて——シルクハット、白いネクタイにテールコート、女性たちも皆完璧なドレス姿！僕はオペラ・ハウスの客席が埋まっていくのを見ながら、胸の高鳴りとともに幕開けを待っていたんだ。

　そして僕の指揮で演奏が始まるまで、あと1分もないというとき──居眠りしてたグーフィーのせいなんだけど──プルートがほえながら舞台の上をかけ抜けて行ったんだ。金槌（かなづち）で殴られたみたいに、気を失うかと思ったよ！「家に帰るんだ、プルート」僕はとにかく命令したんだ。ホーレス・ホースカラーが「ここは楽器を鳴らすところで、ほえる場所じゃないんだけどね」って笑ってたよ。

　なんとかプルートを舞台から下ろして、無事に幕は上がり、素敵な出で立ちのマダム・クララ・クラックの歌声がみんなを魅了したよ！

　それからドナルドが登場したんだけど、自分の剣につまずいた挙句、衣装（ミニーが2枚のキッチンタオルで作ったやつ！）に絡まってしまったんだ。目を回して、ひしゃげた帽子を直すのも手こずってたね。

　それより音楽だよ！ ああ、あの音楽。完璧な仕上がり！ クララは何度も高音のCを軽々と出して、海を行く船乗りのように気分が良いのが、見ていて分かったよ。

　ただその間も、舞台裏は大変なことになっていたんだ。プルートと魔術師の帽子が騒動を起こしてね。翌週から始まるマジック・ショーの荷物が早く届いてたんだ。その帽子は、自分でショーの練習をしようとしたみたいで、頼まれもしないのにハトやらウサギやらを取り出していたんだ！

　それだけなら別に良かったんだ──僕は誰もが我が道を行けばいい、と思ってるから！──僕の舞台を巻き込むまではね！ 次々に動物たちが飛び出して、プルートは牧場にでも来たみたいに、それを追い回す始末さ。挙句には、そのいかれた帽子の小ネズミたちが、クララベルのフルートの中で大はしゃぎしたんだ！

　でもね、最後は上手くまとまったよ。クララとドナルド、オーケストラと僕、みんなで無事にフィナーレに持って行く事ができたんだ──お近くの映画館で上映している「ミッキーのグランドオペラ」で、ぜひその様子を確かめてください！

ミッキーのアイス・スケート

ON ICE ［1935年11月］

映画のストーリー

エミール・ワルトトイフェルの「スケーターズ・ワルツ」の音楽に合わせて、皆スケートを楽しんでいます。ミニーはスケートを始めたばかりですが、いつもミッキーがクッションを差し出してくれるので、転んでも安心。かっこいい滑りを披露するミッキーは、見事に大きなたるを飛び越えますが、うっかりそのまま氷の穴に落ちてしまうのでした。

グーフィーもやって来ました。氷の穴釣りをするようですが、それもまたグーフィー流。削った噛みタバコを水に落とすと、魚たちは次々にそれを噛み始めました。ただし、噛み終えたタバコを吐き出す壺は氷の上で、そこにはこん棒を持ったグーフィーが、飛び上がった魚たちを仕留めようと待ち構えています。その念入りな計画も虚しく、捕まる魚は一匹もいませんでした。

「ハイ・リー、ハイ・ロー」と歌いながら、爽快に滑るのはドナルドです。凍った池のほとりで昼寝をするプルートを見つけると、こっそりスケート靴をはかせました。そして猫のものまねで、プルートを氷の上におびき寄せて、スケートに悪戦苦闘する姿を見て、ドナルドは大喜びです。カイトを背中につけ、プルートの周りをスイスイ滑っていたドナルドですが、強い風にあおられてコントロールを失ってしまいます！

こんなピンチを救えるのはミッキーだけ。ドナルドが大きな滝つぼに飲み込まれる瞬間、何とか彼のセーターの裾をつかむことに成功。ドナルドは無事に引き上げられますが、今度は氷の下へと落ちてしまいます。冷たい水中から釣り用の穴を見つけ、そこから脱出したものの、魚と思ったグーフィーに棒でたたかれてしまうのでした。

映画の中のドナルドが、スケートをしながら口ずさむ「ハイ・リー、ハイ・ロー」は、1936年の日曜版コミックの中でも何度か登場しており、彼のテーマソングにしようという試みだったのかもしれない。

「ミッキーのアイス・スケート」のセーターを、ドナルドが再び着ることはなかったが、後にドナルドの親戚フェスリー・ダックが着ている。

雑誌について

「ミッキーの消防隊」（1935年）に続いて、「ミッキーのアイス・スケート」もまた、アニメーション特有のギャグひとつひとつを取り上げるのではなく、「グッド・ハウスキーピング」（以下GH）ではよりシンプルに、映画版の雰囲気をとらえた絵柄で表現している。

プルートは、ドナルドにいたずらされる場面がなくなり、代わりにひとりで悪戦苦闘している。またドナルドの救出劇も登場しないが、彼に起こったトラブルとその結末が加えられている。魚釣りをするグーフィーも登場するが、グーフィー流の手法までは紹介されていない。

グーフィー（もしくはディッピー）は、この映画の中で初めて現在の姿に近いデザインで登場しているが、GH版ではまだその変更がなされていない。また映画のグーフィーはまぶたが閉じかけた眠そうな目をしているが、GH版ではパチッと見開いた初期のディッピー・ダウグの目をしている。

GH版「ミッキーのアイス・スケート」は単行本「Walt Disney's Comics and Stories 5号」（1941年）で、散文の物語にリメイクされている。GH版同様、グーフィーではなくディッピーが登場しており、おそらくディッピーの名前が使われたのはこれが最後ではないだろうか。

「グッド・ハウスキーピング」の「ミッキーのアイス・スケート」ではディッピーの名前とそのデザインが継続して使用されているが、映画版ではディッピーはグーフィーへと進化した。モデル・シートが採用され、作品の完成時にはグーフィー独特の眠そうな目や、長めの顎のラインもデザインに採用されている。

WALT DISNEY'S MICKEY MOUSE in "On Ice"

ミッキーのアイス・スケート

冬がやって来ると、
ミッキーと仲間たちが集まるのは氷の上。
スケートを滑るミッキーが、素敵な技を披露する

反対に、ミニーは転んでばかり。
それもそこらじゅうで! でも、
彼女なら何度でも立ち上がるさ!

気の毒なのはイヌのプルート
座れないけど、立ってもいられない!
滑っては転びツルツルつるん、響く遠ぼえ悲しそう

穴の横で座るのはディッピー・ダウグ
抱えきれないほど、魚を捕ると宣言したけど
かかったのは冬の風邪!

ドナルドダックが池の中に落っこちて
氷の塊になっちゃった!
皆で大き火を囲んで、氷の中から助けなきゃ!

ミッキーの夢物語

THROUGH THE MIRROR [1936年1月]

映画のストーリー

　ベッドで眠るミッキーの傍らにある本は、ルイス・キャロルの「鏡の国のアリス」。その物語に導かれるように、ミッキーは夢の中で目を覚まします。そして鏡の向こうへ通り抜けると、足乗せ台の犬と肘掛け椅子のご婦人の機嫌を損ね、さらにはイタチ顔の傘にも怒られてしまうのでした。

　くるみ割りからもらったくるみを食べてみたミッキー。たちまち身体が大きくなったかと思うと、あっという間にちっちゃく縮んでしまいました。生きている電話機とおしゃべりした後、ミニ・ミッキーは、シルクハットやテーブルの上で、手袋をパートナーにアステア風のダンスを披露します。

　トランプたちと仲良く行進していたミッキーは、美しいハートのクィーンと踊ったことがトラブルの始まりに。怒ったキングがダンスを止めにやって来ると、ミッキーとの決闘を申し込んだのです！追い込まれたキングがインク壺に落っこちて、1回戦はミッキーの勝利——そう簡単には引き下がらない国王は、護衛のカードたちを招集します。

　最後にミッキーは、テーブルを駆け抜け、回転する地球儀を飛び越える

当時のモデルシートに描かれているように、ディズニーの鏡の国にはひと癖ある様々な生き物たちが登場した。

と、鏡を抜けて元の体に戻ります。目覚まし時計が鳴り、目を覚ますミッキー。でもまだ夢の中にいるのか、鏡の国で出会った電話機と話すように、時計とおしゃべりするのでした。

雑誌について

　「グッド・ハウスキーピング」版の「夢物語」は、映画版に対してなかなかの仕上がりだと言えるだろう。身振りなど動きで伝えられない部分は、活字で表現され、恐らく——怒りっぽい傘の気質は、肘掛け椅子に引き継がれたようだ。

　雑誌では、映画版には出演していないキャラクターも登場する。プルートだ。映画「ミッキーの子煩悩」（1932年）や「ミッキーのお化け屋敷」「ミッキーの名優オンパレード」（1933年）のいずれでも、プルートはミッキーを眠りから覚ます役割を果たしており、「夢物語」の初期段階でも、制作スタッフがプルートの出演を積極的に提案している。[1] 結局、映画版にプルートの出演はなかったが、制作の最終段階まで検討されていたため、GHの誌上には登場している。

　なお、映画版のタイトルは「Thru The Mirror」だが、雑誌上では正しく「Through」に修正されたようだ。

[1] 映画「ミッキーの夢物語」の原稿5番（1935年4月24日）の中で、ライターは「プルートを登場させるなら、ミッキーに抱きつく」と提案している。

この宣伝用に制作された絵柄。「ミッキーの夢物語」で、ミッキーは鏡の国の家いっぱいに大きくなります。

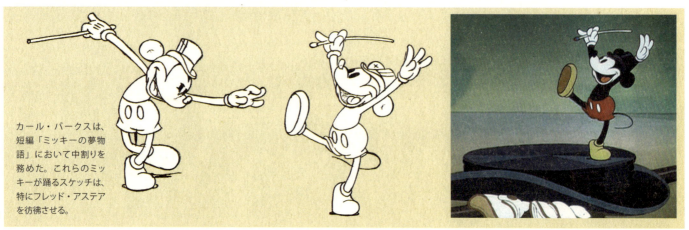

カール・バークスは、短編「ミッキーの夢物語」において中割りを務めた。これらのミッキーが踊るスケッチは、特にフレッド・アステアを彷彿させる。

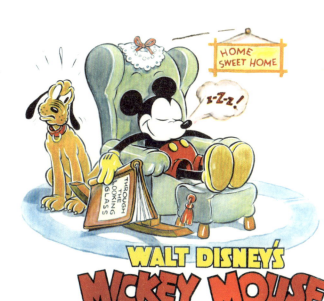

WALT DISNEY'S
MICKEY MOUSE
in Through The Mirror

ミッキーの夢物語

居眠りしたら、鏡の国へ出発だ。
ミッキーの夢もそこにある。
椅子も机も生きていて、
思いもよらないことばかり。

鏡の国の、ほえる足乗せ台、
飾りふさのしっぽを振り回す。
ほおを膨らませた椅子のご婦人は
「ちょっとあなた、出てお行き！」とひと言

だからミッキーは、トランプたちと
掛け声かけて、愉快に行進。
「前へ進め！」先頭はハートのエース
それが気に入らないのは他のカードたち。

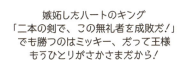

嫉妬したハートのキング
「二本の剣で、この無礼者を成敗だ！」
でも勝つのはミッキー、だって王様
もうひとりがさかさまだから！

そしてミッキーに聞こえた遠ぼえ
それはもちろん、愛犬プルート。
ミッキーは地球に戻ると
それは丁度、起きる時間！

ミッキーのライバル大騒動

MICKEY'S RIVAL [1936年3月]

映画のストーリー

ミニー（歌う曲は「Let Me Call You Sweetheart」）とミッキーがピクニックを楽しんでいると、猛スピードで駆け抜けた黄色いスポーツカー。運転席の男がミニーに向かって「やあ」とにこやかに言いました。「もしかして、僕の愛しいミニーマウスじゃないか！」車の持ち主モーティマーです。スラリと背が高い、昔のボーイ・フレンドを前にミニーは少しためらいつつ、でもうれしそうです。

うぬぼれた自慢屋のモーティマーは、飛び出す仕掛の手袋でミッキーにパンチをくらわせ、ミッキーのズボンのボタンを奪うと、くだらないトリックを披露したのでした。そして今度は、ピクニック用のターキーの骨をカスタネットのように鳴らし、赤い敷物をケープ代わりに、近くにいた雄牛をからかい始めました。不機嫌になったミッキーは大股でその場から立ち去り、同じく不機嫌になっていた愛車のリジーと一緒にふてくされるのでした。

しかしその間に、事件が起こります。モーティマーは牛が柵の中にいるのを良いことに挑発していましたが、柵には出口があったのです。途端に臆病者のモーティマーは車に乗り込み、自分だけさっさと逃げ去ってしまいます。もはや雄牛を止められるのは、ミッキーしかいません。勇敢に立ち向かうヒーローでしたが、ピクニック・ブランケットに絡まってしまい絶体絶命。そんなとき、登場したのは愛車のリジーでした。雄牛を見事に追いやって、ミッキーとミニーを助け出したのです！

「まだあいつが気になる？」家への帰り道、ミッキーはミニーに尋ねました。「誰、モーティマー？ まさか！」ミニーはそう答えると、ミッキーと仲直りの握手を交わしたのでした。

雑誌について

いじ悪で生意気なモーティマー・マウスは悪役としては最高だし、「ミッキーのライバル大騒動」はあらゆる面で素晴らしい作品だ。ただひとつ残念なのは、ミッキーの車を擬人化させたことだ。アニメー

トム・ウッドによるモーティマーと雄牛。GH用作品のスケッチが残っているのはとても珍しい。

ションの中であらゆる物が擬人化された1929年であれば納得できるが、1936年のディズニー・スタジオでは、より人間に近い存在を、現実的なシナリオの中で擬人化させるようになっていたはずだ。ミッキーとモーティマーの対立はとても魅力ある展開だったが、愛車のリジーが入り込んだことでミッキーの存在は薄れ、リアルなトラブルを現実的に解決する機会を失ってしまったのだ。

「グッド・ハウスキーピング」（以下GH）版では、この問題を至ってシンプルな方法で解決している。愛車のリジーを登場させなかったのだ。物語の焦点は、完全にミッキーとモーティマーに当てられ、ミッキー自ら問題を解決するのだ。もちろんアニメーションのように動きやアクションは無いが、よりリアリティが感じられる。

GH版「ミッキーのライバル大騒動」は二度にわたり、散文の物語として単行本に掲載された。最初の作品は「Mickey Mouse and His Friends」（1937年）の中で「Brave Mortimer」のタイトルで登場。作家ジーン・エアによって制作され、雄牛が言葉を話すという設定以外、ほとんど変更は加えられなかった。「Walt Disney's Comics and Stories 10号」（1941年）で掲載された作品では、ミニーを賞品であるかのように扱っていたり、明らかに時代遅れな表現が使われていた。

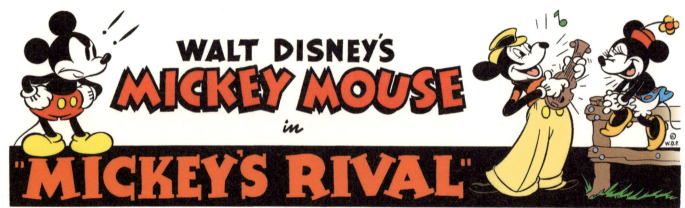

トム・ウッドがGH用に作成した絵柄がリメイクされ、映画の広告用としても使用された。

FROM A
WALT DISNEY
MICKEY MOUSE
■ Mickey's Rival ■
ミッキーのライバル大騒動

ミッキーが計画した、
ふたりで過ごす、静かな森のピクニック。
台無しにしたのはモーティマー、
正真正銘のいじめっ子。

彼の歌を、ミニーが聞いているけれど
決してミッキーは怒ってなんかいません。
自慢ばかりするうぬぼれ屋なんて、
そのうち自滅するんだから。

「この世で怖いものなんて何にもないさ」
モーティマーは言いました。「俺は強い乱暴者だ
危険な雄牛とやり合ったことだってあるのさ!」
──そんな作り話、ミッキーにはお見通し。

ミッキーが牧場の雄牛を解放した途端!
悲鳴をあげるモーティマー!
逃げる彼の恐怖の叫びが、
雄牛を谷底へと追いやった。

「ケーキもあるの? いただくよ!」
ミッキーはうれしそう。
「彼、たいそう怖がってたね。
見かけじゃあ分からないけど、
中身はただの弱虫さ!」

ミッキーのライバル、モーティマーが最初に登場したのは、日曜版コミック（1936年1月5日から26日までの4作品）だった。

上：ミニーの家を訪れたミッキー。ミニーの友人というモーティマーの意地悪で、ミッキーは悪者にされた上、ミニーに嫌われてしまう。
下：モーティマーの手品にだまされ、指を挟まれたミッキー。お返しに「指一本触れずに倒してやる」とモーティマーを油断させパンチを食らわす。

上：ミニーの家で食事をするミッキーとモーティマー。ナイフを取ろうとしたミッキーをケーキに押し付けたり、ミッキーの飲み物にタバスコを入れたり、ズボンを切ったり、モーティマーの嫌がらせはエスカレートし、ミッキーも我慢の限界です。
下：モーティマーはミニーの家を訪れたミッキーを、不意打ちしようと椅子を掲げますが、その姿をミニーに見られてしまったため、アクロバットだと誤魔化します。仕返しを思いついたミッキーの計画通り、ミニーの大切な品々を壊したモーティマーは、家から追い出されてしまうのでした。

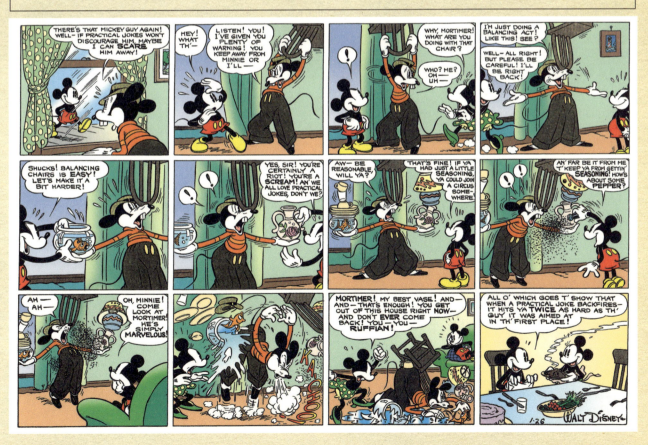

アルプスのミッキー

ALPINE MICKEY [1936年4月]

映画のストーリー

ヨーデルを口ずさんで、ミッキーとドナルドがアルプスの山を登っています。ロープで引き上げられるプルートは、お腹が少し苦しそう。頂上にたどり着くと、ミッキーはプルートのひもをしっかりと岩にくくり付けました。エーデルワイスを探しに出かけたドナルドは、すぐにお花を見つけますが、いたずら好きの子ヤギに全部食べられてしまいます。そして怒ったドナルドと子ヤギの追いかけっこが始まります。

ミッキーはさらに山の上へと登り、ワシの巣を発見します。早速、腰を下ろして卵をリュックに詰めますが、帰って来た母ワシに見つかってしまいます。賢い選択とは言えないけれど、ミッキーは自分の身を守るため、卵を母ワシに投げつけました。ところが、その卵が次から次へとかえり、ヒナたちは母ワシのためミッキーを攻撃し始めました。

卵のひとつがプルートがいる岩の上に落下して、中から出て来たのは凶暴なヒナ。プルートは崖っぷちへと追いやられ、落っこちてしまうのでした。雪だまりに落ちて凍ったプルートを助けてくれたのは、セントバーナードのボリバーでした。体が大きく気難しいボリバーは、酔って上機嫌になったプルートになつかれて、困ってしまいます。

子ヤギを小さな洞穴まで追いかけてきたドナルドは、巨大な親ヤギに追われるものの、果敢にげんこつで応戦し勝利をおさめます。さらにミッキーを母ワシから助け出そうと駆けつけたドナルド。ミッキーと一緒に、何とか逃げ出すことには成功しますが、最後はふたり一緒に雪の中へと落っこちてしまうのでした。

残念なことに、ミッキーとドナルドのもとに救助犬は来そうもありません。だってボリバーは、プルートと一緒に酔っ払ってしまったのですから。

雑誌について

アート作品としては素晴らしい仕上がりではあるものの、「グッド・ハウスキーピング」（以下GH）の「アルプスのミッキー」（1936年）──映画の題名は「ミッキーの山登り」──では、映画作品の持つ雰囲気は反映されていない。トム・ウッドのおかげで、ビジュアル面では成功しているが、初期のGH作品としては珍しく、キャラクターの性格づけや内面などの部分においては、失敗と言ってもいいかもしれない。映画の中のミッキーには冒険家らしさがあり、ドナルドも感情豊かだ。しかしGH版のミッキーは我慢強い脇役のような存在であり、ドナルドやプルートの言動は単に子供っぽいだけである。

単行本「Walt Disney's Comics and Stories 6号」（1941年）の中で散文の作品として登場している。これもまた、特にスリルのない物語ではあるが、トム・ウッドの絵柄の魅力が作品を助けてくれている。

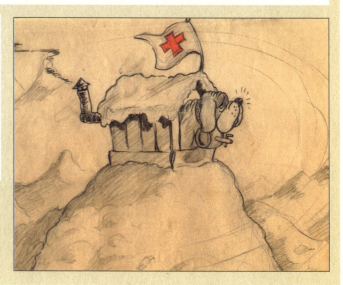

セントバーナード犬のボリバーは「ミッキーの山登り」の後、アニメ作品に登場するのはシリー・シンフォニーの「いたずら子猫」（1936年）の一度だけだが、コミック作品ではドナルドダックの飼い犬として何度もその姿を見せてくれている。ドナルドのコミックを手がけていたアーティストのアル・タリアフェッロが実際にセントバーナード犬を飼っていたことが、再登場する大きな理由となったようだ。右下のストーリー・ボードのスケッチは、おそらく最初に描かれたボリバーだろう。

WALT DISNEY'S
MICKEY MOUSE

Alpine Mickey
アルプスのミッキー

ミッキーにプルート、そしてドナルドダック。
強い意志、そして勇気と度胸で
運試しの山登りに出発。
ヨーデリヒー、ドゥードゥルディー！

先頭を切るのは、ガイド役のミッキー。
でもなまけ者プルートのおかげで歩みが遅れ、
いたずらっ子ドナルドは、ただ引っ張られてるだけ。
ヨーデリヒー、ドゥードゥルディー！

ドナルドがエーデルワイスを欲しがるから、
ふたりをそっと崖の下へ下ろすミッキー。
だけどプルートは退屈だったみたい。
ヨーデリヒー、ドゥードゥルディー！

ミッキーがみんなのために頑張っても、
プルートはくたびれるばかりで、
ドナルドはのん気にヨーデルを歌ってる。
ヨーデリヒー、ドゥードゥルディー！

なまけ者たちと一緒に、
ようやく頂上にたどり着くと、ミッキーは言いました。
「これだけは誓うよ。このヨーデル坊やたちと
旅に出るのはこれが最後！」

ミッキーの引越し大騒動

MOVING DAY ［1936年5月］

映画のストーリー

ミッキーとドナルドは、もう6ヶ月も家賃を払っていません。そこへ保安官のピートがやって来て、これからすぐに家具を売り飛ばすと宣言。そしてタバコを吸うため、ドナルドのクチバシでマッチを擦りました。頭に来たドナルドとミッキーは、ひとまずピートが家を離れた隙に、秘密の計画を立てます。氷屋さんのグーフィーにも協力してもらい、ピートが戻る前に家具をすべて持ち出すことにしたのです。

でも、時間のない引越し準備は大変です。ミッキーはトランクに荷物を詰め込みますがちっとも閉まらず、ドナルドはお尻に掃除道具の吸盤がくっついて、なにをやっても外れません。グーフィーがトラックへと運んだはずのピアノは、自分で戻ってきてしまいました。何度トラックにのせても、グーフィーが目を離すたびにピアノは家に戻ってくるのでした。

ドナルドは、苦労の末に吸盤から解放されますが、今度はクチバシがガス管に刺さったあげく、ガスで部屋中を飛び回ります。そしていよいよピートが戻り、これで一巻の終わりかと思われました。ピートがまたドナルドのクチバシでマッチを擦るまでは！ガス大爆発が起こり、吹き飛ばされたミッキーや仲間たちは、引越しの荷物もろとも見事グーフィーのトラックに着地したのでした。

雑誌について

「アルプスのミッキー」（1936年）と同様に、「グッド・ハウスキーピング」（以下GH）の「ミッキーの引越し大騒動」は映画版のシナリオに沿うことよりも、その雰囲気を引き継ぐことを重んじたようだ。

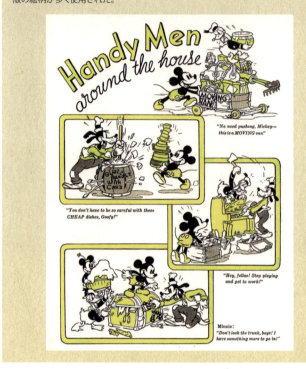

トム・ウッドによる「グッド・ハウスキーピング」用の絵柄は、短編映画の宣伝作品——それらを制作したのもウッド氏——のモデルとしても頻繁に使用された。例えば、映画版「ミッキーの引越し大騒動」の宣伝には、設定が少し違うにも関わらずGH版の絵柄が多く使用された。

ただし、今回のGH版作品のほうが、「アルプスのミッキー」よりも上手くアニメーションの世界観を表現しており、さらに面白く改良されている。

映画版「ミッキーの引越し大騒動」はディズニー・スタジオにとって非常に重要な時期に制作された。アーティストたちは長編アニメーションのためのトレーニングを開始し、よりリアルな動きの表現を訓練していた。そこで、より人間的であるグーフィーの描写は、練習台として最適だったのだが、当時グーフィーを担当していたアート・バビットは少しやり過ぎてしまったようだ。彼が手がけたグーフィーとピアノの掛け合い場面は、愉快ではあるが少々くどく、それに比べると次のミッキーによるシーンは短い。そのため「ミッキーの引越し大騒動」が目指した、のん気な3人組が大急ぎの引越し作業に翻弄される、というインパクトが失われてしまった。

幸いにもGH版は、全体を通して上手くまとめられている。保安官のピートは登場しないが、ミッキーと仲間たちらしく、愉快な引越しテクニックを楽しめる内容だ。

GH版「ミッキーの引越し大騒動」は、「Mickey Mouse and His Friends」（1937年）と「Walt Disney's Comics and Stories 8号」（1941年）の中で散文でのお話として、上手くまとめられている。

「ミッキーの引越し大騒動」はミッキーの短編作品の中で大きく成功を収めた作品ではなかったが、コミック作家の記憶には強く刻まれていたようだ。単行本「Dell Giant 53号」（1961年）では、ポール・マリー作「パーティ・パニック」にて、アニメーションで使用された、いくつかの要素が盛り込まれている。

WALT DISNEY'S
MICKEY MOUSE
IN Moving Day
ミッキーの引越し大騒動

もし引越しを考えているなら、
ぜひミッキーたちを見習って。
だって彼らのテクニックは、
優秀な引越し屋だって知らないんだ。

例えばね、もし魚を飼ってるなら
この移動用水槽が、
便利でオススメ。
これなら絶対にこぼれない！

もし入れ物が小さくて
食器が入りきらなくても、
ちゃんと押し込む方法があるんだ。
下の食器を細かく割れば大丈夫。

もし持ってる洋服が全部
トランクに入らなくても心配ない！
はみ出す分は、ハサミを使って
切り取ればいいのさ。

そして台車の上に積み上げるのは
ミッキーだけの得意技。
そうは言っても、やっぱり
車を借りたほうがいいと思うけど！

ミッキーマウスのがんばれサーカス　MICKEY'S CIRCUS［1936年6月］

映画のストーリー

サーカスのテントや客席を登ったり降りたり、大はしゃぎするのは孤児院の子供たち。今日は無料で招待されました。子供たちの注意を引こうと「ドナルド隊長とアシカたちの共演だよ」と座長のミッキーが大きな声で宣言しました。ところが肝心の演技は大混乱に。アシカたちは、転んだドナルドの上を歩いたり、トランペットを演奏するはずが、餌をもらえるまでボイコット。ドナルドが仕方なく用意した餌は、子アシカに全部取られてしまいます。

子アシカを追いかけるドナルドは、子アシカが逃げ込んだ大きな大砲の中へ。「そんなところに入っちゃダメだ」と大砲をのぞき込んでいたミッキーも、いたずら好きの子供たちに押し込まれてしまいます。子アシカだけが逃げ出すと、大砲がドカン！ 天井近くの綱の上へと飛ばされて、ミッキーは綱渡り、ドナルドは思いがけず自転車に乗ることになり、綱の上を前へ後ろへ行ったり来たり。子供たちが綱に流した電流で、ふたりのヒーローは飛び上がり、アシカのプールに真っ逆さま。

「Mickey Mouse Weekly 18号」（1936年イギリス）の表紙を飾った「ミッキーのサーカス」。ウィルフレッド・ホートン作。ドナルドが黄色いのは、1934年から1935年にかけて King Fearures 社の担当者が色指定をしたため。当時のアメリカ版コミックなどでも、黄色いドナルドが登場している。

「Mickey Mouse Magazine」では、グッド・ハウスキーピング版の「ミッキーのサーカス」をもとにいくつもの作品が制作された。

雑誌について

ディズニー・チームにとって、お祭り騒ぎの短編映画「ミッキーマウスのがんばれサーカス」（1936年）を「グッド・ハウスキーピング」（以下GH）の誌面で表現することは、容易ではなかったはずだ。しかしトム・ウッドは彼のライターと共に、その世界観を見事に再現した。スリル感こそないものの、団長のミッキーやドナルド、アシカたちも登場し、ドナルドに代わって、ミッキーが自転車での綱渡りをする場面も描かれている。

一点、誌面上に加えられた新しい要素がある。野生動物に変装したペットたちである。映画でのサーカスは本物のサーカスとして設定されているため、彼らの出番はないが、GHの誌上では演技も素人風で子供っぽい世界観で表現されており、ペットたちが登場することに違和感はない。

GH版「ミッキーマウスのがんばれサーカス」の絵柄は、「Whitman Storybook Walt Disney's Circus」（1937年、P11参照）の表紙絵として採用されている。本の中身については、GHで掲載されたディズニー作品の多くが転載されているものの、なぜか「ミッキーのサーカス」が入っていない。一方、同時期に出版された「Mickey Mouse and His Friends」（1937年）では、GH版に散文でのストーリーが加えられている。また子供たちがミッキーに演技を教わる結末は、GH版の影響が大きいと思われる。

ドナルドが投げようとした魚を、赤ちゃんアシカが食べてしまう一連の場面を描いたストーリーボードのスケッチ。

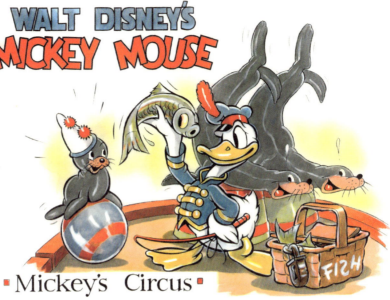

WALT DISNEY'S MICKEY MOUSE

▪ Mickey's Circus ▪
ミッキーマウスのがんばれサーカス

さあさあ、みなさん！ぜひご覧ください！
まもなくバンドの演奏が始まるよ！
その後はお待ちかね
ミッキーマウスの大サーカスだ！

出演するのはドナルド公爵と
芸達者なアシカたち。
陽気なドナルドは
アシカも怖くない！（アヒルは食べないから！）

準備はいいかい、ミッキーの
手に汗握る綱渡りだよ！
見事に一輪車を操って
命の危険も恐れない。

そしてドナルドダック！細い綱の上
傘も棒も持たないで
逆立ちだってお見せします。
（代わりに風船をつけているけど）

他にもたくさん
でっかい！巨大！ものすごい！
野生動物もいるよ！芸の数は100通り！
入場料は、たったの3セント！

ドナルドとプルート

DONALD AND PLUTO [1936年9月]

映画のストーリー

ミッキーの家の地下室で、ドナルドは「いいやつみつけた」を歌いながら配管の修理をしています。必要な道具は磁石を使って引き寄せるのがドナルドのやり方です。ところがその磁石が床に落ち、プルートのエサを入れるお皿にくっついてしまいました。プルートは磁石を外そうと苦労しますが、間違って飲み込んでしまいます。

お鍋やフライパン、さらに時計の振り子まで、次から次へとプルートのお尻めがけて飛んできますが、プルートには訳が分かりません。

台所にあった包丁やナイフに追い回されるプルート。ドナルドが作業する地下室に逃げ込みますが、今度はドナルドのハシゴの釘が磁石に吸い寄せられてしまいます。ハシゴが壊れ、ドナルドは真下の洗濯機の中へ。ハンマーを振り上げ、怒るドナルドを見たプルートは屋上へと逃げますが、磁石が入ったプルートのお尻とドナルドの持つハンマーが天井をはさんでくっついて離れません。

しばらくお互いに引っぱり合っていたプルートとドナルドは、一緒に地下室へと落っこちます。そして、そのときの衝撃で磁石はついにプルート

「Mickey Mouse Magazine 15」で掲載された作品は、トム・ウッドのものではいが、彼が制作した広告用絵柄をモチーフに描かれているのは確実だ。GH風に仕上げられた体裁も非常に珍しい。

の口から飛び出すと、鉄のかまどに向かって飛んでいき、ドナルドは運悪く磁石とかまどにはさまれてしまうのでした。

雑誌について

「ドナルドの磁石騒動」（1936年）は、配管工のドナルドと助手のプルートという、魅力的なキャスティングを十分に活かし切れず、残念ながらテーマもズレてしまったようだ。アニメーションとしての仕上がりは素晴らしいが、実際にはプルートと磁石のお話になっており、ドナルドの役割はあまり重要ではない。

一方で「グッド・ハウスキーピング」（以下GH）の「ドナルドとプルート」は、もとのコンセプトがより上手く活用されている。配管エドナルドの花や木への対応はとても独創的であると同時に破壊的でもあり、いかにもドナルドらしい発想だ。トム・ウッドが描いたドナルドの誇らしげな姿には、後にカール・バークスの描くアニメーションやコミックの中で完成されていった、負けず嫌いでプライドの高いドナルドの特徴がすでに現れている。

GH版の「ドナルドとプルート」は単行本の「Mickey Mouse and His Friends」（1937年）で、散文での物語としてリメイクされた。作家ジーン・エアによる、一部かなり自由に編集された作品を、この後のページにてご覧ください。

ドナルドとプルートは、短編映画からさかのぼる1935年7月7日の日曜版コミックで一度共演を果たしている。ストーリー：テッド・オズボーン、下書き：フロイド・ゴットフレッドソン、ペン入れ：テッド・スウェイツ。

内容：ドナルドがミニーのランプをうっかり壊してしまい、偶然居合わせたプルートが誤解されてしまう。ところが、ミニーはクララベルからもらったそのランプが嫌いだったので、壊れたと知って大喜び。そこへ、壊した張本人のドナルドが同じランプを手に入れ、持って来てしまう。

PRESENTS
Donald and Pluto
ドナルドとプルート

ドナルドとプルートは仕事中でも
オシャレに気を使うのさ。
頭を使うのは苦手だけど、
アートはとっても得意なんだ。

配管コースは花たちに気をつけて
ひとつひとつ遠回り。
とても素敵な思いやりだけど——
すごくバカげてる。

それに彼ら、木については
気が回らなかったよう。
パイプを通すため、
ドリルで穴を開けたんだから。

作業はついに完了。
立ち上がったドナルドは
その仕上がりにご満悦。
誇らしさで今にもはち切れそう。

ところがパイプのテストを始めたら、
もう喜んではいられません。
そこらじゅうから水が噴き出したのに、
蛇口からは何もでません！

ジーン・エア版「ドナルドとプルート」はトーマス・ネルソン社の「Mickey Mouse and His Friends」（1937年）で掲載された。ここで紹介する初版では「グッド・ハウスキーピング」で使用されたトム・ウッドの絵柄が使用されている。

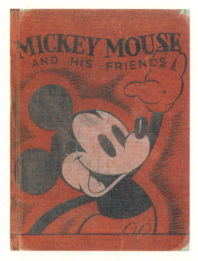

　ある日、取り壊された家の前を通りかかったプルートとドナルドダック。その家で使われていた水道管のパイプを見つけると、遊び道具として持ち帰ることにしました。
　「僕、配管工になるぞ」ドナルドが言いました。「プルート君、何かご要望はあるかな？」
　「ありますとも、ドナルドさん」とプルートが答えました。「いつでも新鮮なお水を飲めるよう、僕の家にも水道をひいてほしいな」
　ドナルドが「プルート、じゃあ君の家に水道をひいてあげる」と言うと「ほんとうに、ドナルド」とプルートは大喜び。

　すると「もちろんだよ。このパイプを使って、ミッキーの家の水道管につなげればいいのさ。」とドナルドは言いました。
　「どうやって僕の家までつなげるの？」とプルートが聞くと
　「そのお花畑を通って行こう」ドナルドは提案しました。「曲がったパイプがいっぱいあるから、お花たちをよけながら、つぶさないでパイプが敷けるよ」
　「僕の家のそばに立つあの大きな木も、道をふさいじゃうよね」プルートがそう言うと、ドナルドが言いました。「古い木だもん、穴を開けてパイプを通せばいいのさ」
　それが良い考えなのかプルートは少し複雑な気分でしたが、ドナルドは早速ミッキーの家の水道管にパイプをつなぐ作業を始めたのでした。
　プルートにも手伝ってもらい、ドナルドはお花畑を通るすべてのルートにパイプを並べました。いくつかの植物はダメになったけど、でも全体的には上手くできました。
　「これ以上に素晴らしい仕事ができる配管工、僕は知らないね」ドナルドは言いました。
　木にパイプを通す作業に取り掛かる前、ふたりは少し休憩することにしました。ドナルドは畑でおいしそうなトマトを見つけ、プルートはミッキーの家で冷めたラム・チョップを食べてから、戻って来ました。
　「家にいながら、いつでも新鮮で冷たいお水が飲めるようになるんだね！」プルートが言いました。「こんなに上手くパイプを設置するなんて、ドナルド、君は天才だよ」
　「僕もね、かなり良いアイデアだったと思うよ」とうれしそうなドナルド。「僕らの仕事ぶりを見たら、ミッキーはさぞかし驚くだろうね」
　ふたりは木に穴を開ける作業に戻りました。なかなか大変でしたが、木が古かったのと、横にあったくぼみのおかげで何とかパイプを通すことに成功しました。
　次は、プルートが自由にお水が出せるよう、蛇口を設置したドナルド。それは入り口のすぐ横、プルートの水入れが置いてある位置でした。
　「これは良い感じだね」とプルート。そして蛇口の下にお皿を置くと、お水を出してみました。
　「これはどうしたんだろう。お水はどこかな？」プルートがそう言うと、「焦ることないよ、すぐに出てくるさ」とドナルドが答えました。
　でもやはり水は出てきません。
　するとプルートが言いました。「もしかすると、ミッキーの家の蛇口が開いてないからじゃない？」
　「もっと早くに気がつけば良かったよ、プルート。そりゃあ、そうに違いない」とドナルドも言いました。
　いったん水道の蛇口を閉めて、ふたりはなだらかな丘を登りミッキーの家へと向かいました。そして水道の水を出しっぱなしにすると、また戻って行きました。
　「さあ、プルート」ドナルドは言いました。「僕がいかに素晴らしい配管工か、今に分かるよ。もうすぐお皿いっぱい新鮮なお水が飲めるんだ」
　プルートの家に戻ると、ドナルドはプルートのお皿を指差しながら誇ら

しげに言いました。「水を出してごらん、プルート」

プルートは蛇口を開きましたが、何ということでしょう。パイプはたいそう古く、つなぎ方もいい加減だったため、ミッキーの家とプルートの家の間で、あちこち水が噴き出していたのでした。それを見て一瞬言葉を失ったドナルドでしたが、すぐにポジティブな考えに切り替えました。「見てよプルート！お水が庭中にまかれてる。こうしてお花たちに水やりができるこ

とを知ったら、ミッキーは大喜びだよ。これは君の家にお水を届けるより、ずっと良いアイデアさ。やっぱり僕みたいな配管工、他にはいないよ」

「そうだね、他にいなくて良かったよ」プルートはそう言いながらお皿を見つめると、一滴だけ水が滴り落ちました。「ミッキーもきっと、喜ばないと思うけど」そううつぶやくと、プルートはそっと蛇口を閉めたのでした。

「ドナルドの磁石騒動」はアニメーションとして特別画期的な作品ではなかったが、ミッキーの登場しない、ドナルドとプルートが主役の作品として宣伝にはかなり力が注がれたようだ。ここで紹介する1936年当時のプレス向け資料——多くがトム・ウッドの作品——を見ても、ディズニー・スタジオがいかにプルートとドナルドの共演を、売り込んでいたかが良く分かる。

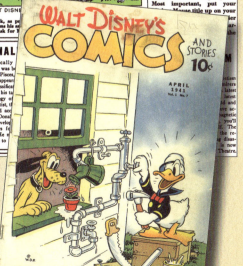

いたずら子象

MICKEY'S ELEPHANT [1936年11月]

映画のストーリー

「あなたの素晴らしき愛犬、プルートの友達として」ミッキー宛てのメッセージと一緒にガブーン国の王様から届いたのは、ボボという名の赤ちゃん象でした。早速、ボボのために象型の家を建てることにしたミッキー。少しすると、休憩もかねてボボと遊ぶことにしました。投げたボールをその大きな鼻で掃除機のように吸いあげて、ボボは遊ぶのが上手です。

そのうち、ボールがプルートのいる柵の向こう側へ転がっていきました。ボボはうれしそうにプルートと遊ぼうとしますが、どうやらプルートは気がすすまないようです。そしてボボに向かってほえますが、それを真似したボボの声の大きさにビックリ。プルートは恐れをなして逃げてしまうのでした。

すると、プルートの姿をした緑色の小さな悪魔がタバコをふかしながら現れ「あの間抜け野郎が何だか分かるか」とプルートに言いました。「あいつはお前さんの居場所を奪いにきたのさ！……見ろよあの立派な新しい家。それに比べてお前の家のみすぼらしいこと！」

嫉妬したプルートはボボと対決しようと飛び出しますが、トランペットのように大きな鳴き声が怖くて近寄ることができません。すると悪魔が、箱からこぼれた真っ赤な胡椒（こしょう）を見つけると、ボボの鼻に向かって吹きつけるようプルートをそそのかしたのです！

胡椒（こしょう）のおかげで、子象はクシャミが止まりません。そのすさまじい鼻息でミッキーの大工道具も吹き飛びます。

なんとかボボのくしゃみを止めようと、ミッキーは長い鼻を結んでみました。すると今度は、くしゃみのたびにボボは後ろへ吹き飛び、建てたばかりの子象の小屋はつぶれ、最後はプルートの犬小屋も吹き飛ばされてしまうのでした。嫉妬しても、いいことなんてありません。

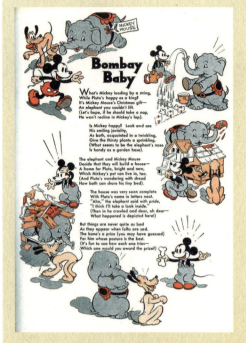

GH版の「いたずら子象」の類似作品が「Mickey Mouse Magazine 15号」（1936年）で制作されている。「Bombay Baby」のタイトルで、少し変更はあるものの、ほぼ同じ筋書きであり、やはりプルートの家が壊されてしまっている。

雑誌について

「いたずら子象」には、短編映画版と「グッド・ハウスキーピング」（以下GH）版の2種類の作品がある。GH版の「いたずら子象」では、プルートの嫉妬心の描写は最小限に抑えられており、映画とはまた違う、もう一種類の物語としてとても素晴らしい仕上がりだ。

子象のボボは短編映画が公開される以前、フロイド・ゴットフレッドソンが手がけたミッキーの連載コミック「象のボボ」で登場している。1934年8月11日のコミックで、ボボが無理に入ったためプルートの犬小屋が壊れる場面がある。アニメーションではボボが犬小屋を吹き飛ばすという形に変更されているものの、コミックから着想を得たことは明確である。だが、GH版はなぜ映画ではなく、コミックと同じ展開を使用したのだろうか。

「ボボ」の作品は、日々掲載され翌日には消えて行く新聞コミックとしてはめずらしく、単行本「Big Little Book」で再掲載された。本の登場は映画が公開される少し前のタイミングではあったが、さほど時期がずれているわけではなく、本と映画のどちらもミッキーの象が主役であり、互いに宣伝効果があったことは確かだろう。それゆえ、GH版の制作に取り掛かった際、製作中の映画ではなく、出版済みの書籍の要素を取り入れたことは自然な流れだったと思われる。

1934年のコミックでデビューした象のボボ。このお話の中で、ボボが自分の家と、プルートの家を壊すという一連のストーリーが生まれた。ストーリー：テッド・オズボーン、下書き：フロイド・ゴットフレッドソン、ペン入れ：テッド・スウェイツ

WALT DISNEY'S MICKEY MOUSE
PRESENTS
Mickey's Elephant
いたずら子象

ある日、やってきた郵便屋さんが
ミッキーに届けたのは新しいペット。
元気いっぱいの象を、
家の前に置いていきました。

それを見たプルート、
とにかく大喜び。
いい友達になれると
ミッキーも言いました。

子象が夜寝られるように
新しい家を作るため、
前に後ろに、子象のサイズを測るミッキー。
ぴったりの家が完成しそう。

ミッキーのアイデアに
プルートもびっくり。
家の形は象そのもの、
鼻を休めて、外も見られます。

体が大きなお客さまの
家が完成したけれど、
疲れた子象、プルートの家で
先にお休みしてました。

ミッキーのアマチュア合戦

MICKEY'S AMATEURS [1937年2月]

映画のストーリー

ここはアマチュア合戦が行われる会場です。「おぉーきく響く、古びた塔に鐘の音……」バリトン歌手のピートが歌い出しますが、すぐにゴングが鳴り、どこからか伸びてきたロボットの手に捕まると、強制的に退場させられてしまいました。

今夜のジャッジはなかなか厳しいようで、詩の朗読をしたドナルドも例外ではないみたい。ミッキーには、プレゼントのリンゴまであげたのに！「キラキラ光る、お空の……お空の……」ドナルドが歌い終らないうちから、観客たちは大笑いし、ミッキーもゴングを鳴らすしかありません。残念ながら退場させられたドナルドですが、悔しいのでリンゴは返してもらうことにしました。

「ふたりのクララ。クラックとベル」が次の出演者。クララ・クラックが歌う「口づけ」に合わせて、カツラを被ったクララベルがピアノを演奏します。クララが吊るされたマイクにぶら下がってしまう、そんなハプニングはありましたが、女性のペアは最後まで演技を披露できました。

同じようにはいかなかったのが、ドナルドのポエム第2弾。変装して舞台に登場すると、衣装を脱いで……銃を取り出し、笑わないよう観客をおどかす始末。残念ながらまたもやゴングが鳴らされ、ロボットの手に連れていかれてしまいました！

最後に、50種類の楽器と登場したのは、音楽隊長のグーフィーです。楽器は、ひとりで演奏できるよう、見事に組み立てられています。無事に「グッド・オールド・サマータイム」を弾き終わりますが、次の曲では楽器が大暴れを始めてしまい、最後は大パニック！

「なんてこった」がれきの中から現れたグーフィーが笑いながらそう言うと、モゾモゾと動く帽子から飛び出したのはドナルドダック！そして、すごい早さでポエムの朗読を達成するのでした。

雑誌について

「グッド・ハウスキーピング」（以下 GH）での掲載にあたり、「ミッキーのアマチュア合戦」（1937年）は、より単純化されたようだが、楽しさや熱気は効果的に引き継がれている。進行役を務めるミッキーは、プロならではの笑顔と立ち振る舞い。

ゴングを鳴らされて怒るドナルドが、グーフィーのチューバから飛び出す姿は、トム・ウッドが手がけたドナルドの中でも最高傑作と言えるだろう。

GH版の「ミッキーのアマチュア合戦」においては、文章と絵柄が必ずしも一致しない箇所があり、ウッド氏とディズニーのGH担当ライターが、当時の制作過程でどの程度の直接のやりとりを行っていたのか、気になるところだ。文章では、クララ・クラックが「見事に音が外れてる」と書かれているのに対し、ウッド氏の絵柄を見る限り、クララのパフォーマンスに不快な印象は特に見て取れない――音符を歪ませたり、しおれたマイクを描くなど、その表現はさほど難しくはなかったはずだ。制作の場面では、ライターの文章が先で、そこにウッド氏が絵柄を添えたのか、またはその逆だったのか、とても興味深い。

GH版「ミッキーのアマチュア合戦」は、二度散文による新しい作品が制作されている。ひとつは「Mickey Mouse and His Friends」（1937年）の中で、もうひとつは「Walt Disney's Comics and Stories 14号」（1941年）である。ただ残念ながら、どちらの作品も韻を踏ませる表現などの努力は見て取れず、ストーリーに特に驚きはなく、退屈な内容であった。

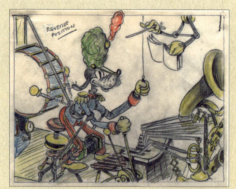

当時のアニメ用スケッチで描かれた、「50種類の楽器」を操縦するグーフィー。絵コンテ：作者不明、アニメ用スケッチ：アート・バビット。

WALT DISNEY'S MICKEY MOUSE
PRESENTS
Mickey's Amateurs
ミッキーのアマチュア合戦

ミッキーのアマチュア合戦は、
ちょうど始まったばかり。
最初の出演者ドナルドがマイクに向かう

「ギラギラしてる、お空の星よ──」
出鼻から間違えたみたい。
だからドナルドの失格はみんなが納得。

次に歌ったクララ・クラック、見事に音が外れてる。
きちんと喉のお手入れもして
上手く歌えるはずだったのに。

続いてグーフィー、
持って来たのは拾ったホルン。
力一杯吹いたけど
何にも音が出ませんでした。

ホルンを振るとドナルドダック、
世界一気の強いアヒルが
「キラキラ光る──」と飛び出した
「みんなちゃんと聞いてよね!」

プルートの五つ子

PLUTO'S QUINPUPLETS [1937年4月]

映画のストーリー

「プルートはお母さん」(1936年) プルートの犬小屋の中、敷き詰められた藁の上で1羽のめんどりが卵を温めています。蝶を見つけためんどりが、外へと出かけている間にプルートが家に戻ってきました。すると次から次へと卵がかえりだし、プルートはびっくり。生まれたばかりのヒヨコたちは、プルートがお母さんだと勘違いしてしまいます。はじめは戸惑い逃げ回るプルートでしたが、1羽のヒヨコをきっかけに愛情を感じ始めると、ヒヨコたちのため虫捕りを手伝ったり、自分の入れ物でお水をあげたり、せっせと世話をするのでした。ヒナを取られたと思っためんどりは、おんどりの助けを借りてプルートを追い払います。小屋に戻り寂しく眠るプルートでしたが、最後にはヒナたちが自ら小屋に戻り、プルートはにっこりほほ笑むのでした。

左：GHでは実現しなかった、「プルートはお母さん」だが、「Mickey Mouse Magazine 20号」(1937年)で、GH風の作品として登場している。
上：現存するトム・ウッドによる鉛筆のスケッチ画。ヒヨコに囲まれるプルートの絵は、未完成となった「プルートはお母さん」のスケッチ画。

「プルートの五つ子」(1937年) プルートとペキニーズのフィフィには5匹の子犬がいます。ある日家の前をお肉屋さんが通り、プルートはお肉を分けてもらうため追いかけようとしますが、子守をするようフィフィに止められてしまいました。でも5匹全員に目を配るのは大変です。子犬たちは犬小屋から脱走すると、ミッキーの家の地下室へと迷い込み、コンプレッサーのスイッチを入れてホースが大暴れ。子犬を守るため、プルートは必死にホースを押さえつけますが、吹き飛ばされてペンキの缶に激突してしまいます。子犬ともどもペンキまみれになり、倒れた衝撃で棚の上からこぼれてきたラム酒をすべて飲み干してしまったプルート。酔っぱらったプルートを見て、フィフィはもうカンカン。その夜プルートと子犬たちは小屋には入れてもらえず、外のたるの中で眠ったのでした。

雑誌について

「グッド・ハウスキーピング」(以下GH)の「プルートの五つ子」は2種類の短編作品の要素を取り入れており、それはGH史上ふたつある異例なケースのひとつです。GHの「ミッキーのマジック・ハット」(25ページ)の制作で、ふたつの短編作品の内容が盛り込まれた理由は明確だが、「プルートの五つ子」で1937年の同名の短編と、「プルートはお母さん」(1936年)を組み合わせた経緯は、はっきりとしていない。

その答えを探す中、私たちはウォルト・ディズニー・アーカイブスを訪れ、トム・ウッドによる「プルートの五つ子」のスケッチに出会った。その同じファイル内には、未完成の「プルートはお母さん」の初期のスケッチも含まれていた。そこに示される通り、もしウッド氏とGHの編集者たちが「プルートの五つ子」のため、予定されていた「プルートのお母さん」の制作を見送ったのだとすれば、後者の内容に未練があったとしても不思議ではない。とは言え、やはりなぜふたつを組み合わせたのか疑問が残る。

1937年になる頃には、ディズニーのGH制作チームはアニメーションとあらすじを一致させることより、その世界観を反映させることを重視しており、そこに答えがあるのかもしれない。「プルートの五つ子」のストーリーは視覚的な楽しさが多く、テーマをはっきりと想定することは難しい。それに対して「プルートはお母さん」のテーマは明確だ。プルートは偶然知らない誰かの子供の面倒を見ることになり、葛藤する。

GHでの「プルートはお母さん」の企画は中止となったが、制作チームの誰かが魅力的な要素を「プルートの五つ子」に取り入れたのだろう。プルートとじゃれる子犬たちの様子は、映画の中のヒヨコたちと同じであり、怒るフィフィの姿はめんどりそのものだ。唯一、最後に子守から解放されたプルートのホッとした様子を見せるのは、GH版オリジナルである。

プルートの五つ子

プルートが聞いた奇妙な音。
ある日の小屋の外、
プルートは外を見てびっくり。
そこにはたくさんの子犬たち。

昔からの友達みたいにプルートと遊ぶ子犬たちに、
プルートはただ驚くばかり。
そして彼がほえると、子犬たちも「わん」
かわいい声で返事をしました。

プルートの家で眠った子犬たち。
みんなくっついてグッスリ。
プルートは外で過ごしたから、
少しも眠れませんでした。

あっちもこっちも全部探して
ようやく子犬を見つけたお母さん。
隠してたって誤解されて、
厳しくしかられたプルート。

随分と大きく胸を張ったお母さん、
子犬たちと帰って行きました。
お母さんが気が付かなかったのは、
ホッとしたプルートの笑顔。

ドナルドのダチョウ

DONALD'S OSTRICH [1937年5月]

映画のストーリー

あ る田舎町にあるワフー駅。この鉄道駅で駅長を務めるドナルドにとって、ラジオは唯一の仕事仲間です。流れてきたのは、金切り声のソプラノ歌手の歌声でした。ダイアルを回すと、今度はバリトン歌手。続いて騒々しい自動車レースの中継に、なんとロースト・ダックの作り方！「ふざけるんじゃないよ」ドナルドがそう言ってダイアルを回すと、ようやく軽快な音楽が流れてきたのでした。そこへ郵便列車が到着し、今日の荷物が届きますが、なんと荷物のひとつから長い足が出ています！箱の中に入っていたのは、少し風変わりなダチョウでした。ひと目でドナルドに恋をします。「私の名前はホーテンス。お水とエサを忘れないで。P.S. 何だって食べます！」ドナルドが見つけた荷札にはそう書かれていました。

しかし、ホーテンスは随分と厄介なダチョウなのでした。ドナルドにたくさんキスをすると、次はドナルドのアコーディオンや目覚まし時計、ガスの入った風船まで、次つぎに飲み込んで、しゃっくりが止まらなくなる始末。しゃっくりを止めるため、ホーテンスを驚かせようとドナルドはチューバを持って忍び寄りますが、計画は失敗。ドナルドはチューバに頭がはさまり、その間にホーテンスはドナルドのラジオを食べてしまったのでした。

事態はややこしくなるばかりです。しゃっくりをするたびに、お腹にあるラジオのチャンネルが変わり、その内容に操られてしまうホーテンス。ジャズのリズムで飛び跳ねて、ボクシングの試合では見事相手のパンチをかわします。レースの中継が流れると、ホーテンスは猛スピードで駅舎中を駆け回り、止めに入ったドナルドはひかれてしまいます。最後はラジオのレース中継に合わせて、ホーテンスもドアへ激突。その衝撃でお腹のラジオも飛び出したのでした。「すごい衝突だ！でも怪我人はないようです」ラジオから聞こえた放送に、「そりゃよかったね！」とがれきの中から不機嫌そうに出てきたドナルド。次の瞬間、今度はドナルドがしゃっくりを始めるのでした。

雑誌について

「グ ッド・ハウスキーピング」（以下GH）の「ドナルドのダチョウ」は、かなり早い時期から制作が進められたため、短編映画「ドナルドの駅長さん」の制作の初期段階の内容が強く反映されており、貴重な資料である。数ヶ月の制作期間の中で削られた、映画のコンセプトやキャラクター、編集されたあらすじが、GH版「ドナルドのダチョウ」で確認することができるのだ。

GH版の企画は、「ドナルドの駅長さん」のアニメーション部分の制作作業すら始まっていない時期に、進められていたようだ。映画のワフー駅は「アロフ」と表記されており、ダチョウのホーテンスに名前はなく、性別もオスだ。さらに、映画には出演していないミッキーが登場する。

もともと計画当初は、ミッキーが主役だったようだ。1933年にアニメーションの企画が立ち上げられた時点では、駅長はミッキーで、トラブルを巻き起こす動物はカンガルーだった。その後ダチョウに変更され、あらすじの原型とも言える、フロイド・ゴットフレッドソンのコミック作品が登場している。しかし本格的に映画の制作が進むと、脚本のカール・バークスとハリー・リーヴスが大きく変更を加え、ドナルドは徐々に存在感を強めていった。最終的にドナルドが駅長となり、ミッキーの出演はなくなった。

ではなぜミッキーとドナルドの立場が入れ替わったのか、その答えはトム・ウッドのGH版から読み取ることができる。1937年になると、ディズニー・スタジオを象徴する存在となっていたミッキーには、より上品さが求められるようになり、ドタバタのストーリー展開が似合わなくなっていた。一方でトラブルに大騒ぎで対応することがドナルドの役割であり、バークスとリーヴスの間でミッキーは必要ないという判断に至ったのだろう。

GHの「ドナルドのダチョウ」はジーン・エアによってD.C.Heath社の単行本「Donald Duck and His Friends」（1939年）でトム・ウッドの新たなセル画作品と一緒に、散文での物語として掲載された。

左：現在残っている、貴重な「ドナルドの駅長さん」（1937年）の企画初期の絵コンテの撮影。このときはまだ、ダチョウに手を焼く主役はミッキーである。

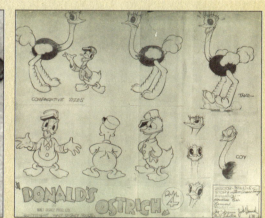

右：「ドナルドの駅長さん」（1937年）のドナルドとダチョウのホーテンスのモデルシート。

WALT DISNEY'S
MICKEY MOUSE
`donald's ostrich´
ドナルドのダチョウ

ポーターのドナルドダックが
ミッキーに相談しました。
ダチョウの伝票に書かれていたのは、
「速達」そして「取り扱い注意」

本を調べてみると、
トリのエサは、フルーツにベリー。
でもそれはオウムやカナリアのこと、
ダチョウについては載っていません。

ふたりはトリのエサや、ケーキにパイ
あれやこれや一生懸命あげてみたけど
ダチョウはどれも気に入らず、
鼻――それともクチバシを背けてる。

ダチョウのことは分からないけど
もっとシンプルなものなら食べるかな。
空き缶や古い布
新しい靴はどうだろう!

最初からドナルドが
それを知っていれば、
大事な帽子を食べられて
かんしゃくを起こすこともなかったのに!

ダチョウのホーテンスが最初に登場するのは、1936年の連載コミック。ミッキーのペットとして出演し、その後ドナルドとも日曜版コミックの中で共演する。

P56：ミッキーはペットのダチョウ「オスカー」に手を焼いている。一旦はグーフィーが引き取るものの、手に負えず戻される。ショー・ウィンドウの中のフルーツを食べようとガラスを破り、店主に追われるが、足の速さで逃げ切る。その後、ミッキーは新しい飼い主を募る張り紙と一緒に、オスカーを箱の中に入れて立ち去るが、ダチョウは箱を壊して、得意の走りでミッキーのもとに戻って来てしまう。

P57 上：乗馬の教室に向かったドナルドは、途中でロバに逃げられてしまい、仕方なくダチョウに乗って教室に参加する。

P57 下：母の日に、どうしても無料で映画が観たいドナルド。ダチョウを変装させ親子のフリで無事に入場するが、結局バレて追い出されてしまう。

ミッキーの大時計

CLOCK CLEANERS [1937年6月]

映画のストーリー

町中を見渡すようにそびえ立つ時計塔ビッグ・ベス。「時の神」と「自由の神」機械じかけで動く2体の人形がベルを鳴らし、その下でせっせと働くのはミッキー、ドナルドそしてグーフィー。ミッキーは巨大な時計の針を磨き、グーフィーは大きな歯ブラシを使って歯車の掃除、ドナルドはこれまた巨大な時計のぜんまいをモップで掃除しています。

働き者の彼らには、無駄にする時間はありません。時計の歯車に巣を作り、居眠りをするコウノトリを見つけたミッキーは、あらゆる手段でどかそうと試みますが、失敗に終わります。

ドナルドが大きなゼンマイを修理していると、うっかりバネが飛び出してしまいました。もとに戻そうとドナルドは必死に押し込みますが、まるでバカにするような音をたて、バネは跳ね返ってくるのでした。

鐘の内側の掃除に夢中なグーフィー。時の神が鐘を鳴らしにやってきますが、気づいたときには手遅れでした。鐘の音が体じゅうに鳴り響き、続けて反対側から来た自由の神のつえに、たたかれてしまうのでした！

頭がフラフラになったグーフィーは、前も見ずに時計塔のはしを歩き回ります。ミッキーが助けようと駆けつけますが、手を伸ばした瞬間グーフィーははるか下の地上に向かって落っこちてしまいました。運の良いことに、グーフィーは旗のポールに跳ね返され戻って来ますが、着地したのはドナルドがやっと修理し終えた、ゼンマイの上でした。

ハト時計と争うドナルドを描いた、未完成の短編「Interior Decorators」の絵コンテ。

雑誌について

壮大な時計塔の物語には頼らず、トム・ウッドとライターたちは全く違うタイプの時計を選んだ。映画には出てこない、素朴なハト時計だ。

「ドナルドの駅長さん」（1937年）と同じように、GH版の「ミッキーの大時計」の制作は、アニメーションの制作作業が始まる以前に、進められたようだ。そしてやはり、GHのページにはアニメーションの制作初期の内容が反映されている。

「ミッキーの大時計」ではオープニング・シーンで使用される予定だった場面が、後に削除されている。1936年のあらすじを見ると「時計職人のミッキー、グーフィーとドナルド」とある。小さな車を改造して修理屋さんを営む3人は、市の職員ペグレグ・ピートにだまされて、たった1ドルで大時計ビッグ・ベスを掃除することになる。

ミッキーたちは、どんな時計の修理を行っていたのだろうか。その詳細は分からないが、1936年の秋にディズニーでは「Love Nest」もしくは「Interior Decorators」とタイトルがつけられた短編映画の企画が棚上げされており、その中にドナルドがハト時計の掃除に苦戦するという、見送るにはもったいない場面も含まれていた。最終的には「ミッキーの大時計」を含め、後の作品で採用されることはなかったため、このハト時計関連のシーンを楽しむことができるのは、GH版と1938年にWhitman社から出版された絵本だけとなった。

映画とは違うストーリーで制作されたGH版「ミッキーの大時計」に対して、単行本「Mickey Mouse Magazine 31号」（1938年）で掲載された作品は、短編映画に近い内容となっている。

WALT DISNEY'S MICKEY MOUSE
PRESENTS
Clock Cleaners
ミッキーの大時計

「ドナルド見てよ、この古時計！」
興奮気味のミッキーマウス
「僕たちできれいにすれば
また使えるようになるよ！」

思い立ったらすぐ行動だ！
古時計をお風呂に入れて
顔も手もきれいに、
背中も流してあげなくちゃ。

ドナルドの仕事ぶり、
さすがのドナルド流。
上手くいったかは分からないけど、
できることはやりました。

「このハト、何かが足りないぞ」
ドナルドが言いました「僕にまかせて」
ハトに取り付けたのは、
古い帽子の羽飾り。

そしてふたりがネジを巻くと、
時計はたちまちバラバラに！
「まあいいじゃない」ドナルドが言いました
「僕のハトは動いてるもん！」

ミッキーの造船技師

THE BOAT BUILDERS ［1937年8月］

映画のストーリー

「自分だけの船を作ろう、組み立ては簡単」設計図を見ながらミッキーが言うと、「子供でも作れちゃうよ」とドナルドは笑いました。完成品の写真を見たグーフィーも、「こりゃすごいぞ」とにっこり。ミッキーが船に「クィーン・ミニー号」と名付け、3人は材料が入った箱を開け、組み立て作業を開始しました。

最初に木箱から出て来たのは、魚の骨のような船の骨組みでした。次にミッキーが小さく縮んだマストを箱から取り出すと、マストはミッキーを引っかけたままグングン伸び、あっという間に完成しました。グーフィーは船の外側で板張り作業。クギがなかなか言うことをききません。

船の底でドナルドが舵にペンキを塗っていますが、そうとは知らずミッキーが操舵輪を回したために、舵が動いてドナルドはペンキまみれ。

グーフィーは船の先頭に取り付ける木像を木枠から取り出しますが、本物の人魚と思い込み、ひと目惚れしてしまいます。人魚の像をデッキ・チェアーに座らせて浮かれている間に、ミッキーがさっさと木像を船に取り付けてしまいました。

「ミッキーの造船技師」と「ミッキーの海賊退治」（1934年）の間にはもうひとつ、「海の怪物」（1935年、未完成）という幻の航海物語があった。ファーディナンド・ホーヴァスによる絵コンテが残されている。

遂に船が完成し、初航海の出発を見送りに観衆たちも集まりました。ホーレスやクララベルの姿もあります。港に設置された演壇に立ったミニーが、船底でシャンペン・ボトルを割れば、いよいよ出航です。

だけどミニーがあまりに強くたたきすぎたせいで、動き出した船はみるみる折りたたまれてしまいます。海に放り出されたミッキーたちは、船の部品と一緒に海に浮かび、みんなで大笑いするのでした。

雑誌について

1938年の短編映画と、GH版の「ミッキーの造船技師」の内容はかなりの部分で違っている。とはいえ、初期の映画制作の内容が影響したのではなく、GHの制作チームが雑誌1ページの作品としてシナリオを単純化したようだ。ミッキーたちが組み立てるのは、実物大から小型の船に変更されている。完成した船には明らかな欠陥があり、アニメーションのように出航を見守る観衆がいれば、誰か気づいただろうが、ここでは3人以外は登場しない。とはいえ、グーフィーがドリルで開けたたくさんの穴に、ミッキーやドナルドが気づかないことも驚きではある。

GH版「ミッキーの造船技師」は人気作品となり、D. C. Heath社の単行本「Donald Duck and His Friends」（1939年）で散文の物語として再登場した（62ページに掲載）。「Mickey Mouse Magazine 32号」（1938年）の出航シーンでは、ミニーやクララベルと一緒に三匹の子ぶたも参加している。

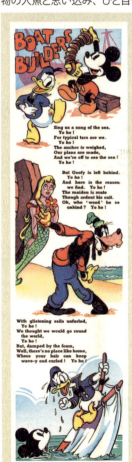
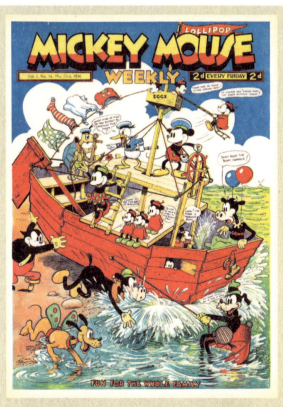

イギリスの「Mickey Mouse Weekly 127号」（1938年）の「ミッキーの造船技師」は、映画版と近い内容だったようだ。表紙を担当していたウィルフレッド・ホートンは1936年の第16号の表紙用に、素晴らしい作品を制作している。

WALT DISNEY'S MICKEY MOUSE

The Boat Builders
ミッキーの造船技師

「船を造って船乗りになろう」
ミッキーが仲間たちに言いました。
「大海原へと飛び出すんだ
港で練習してからだけど」

船が完成すると、ドナルドは
イカリを沢山手に入れました。
船に必要なものだから
10個あれば10倍良いと思ったみたい。

安全のためグーフィーは、
船のお尻に穴を開けました。
理由は簡単、もし船に水が入っても
これならすぐに吐き出せます。

帆をあげて、風を送り
みんなを乗せた船は、勢いよく出航。
陸にはメッセージも残しておきました
「僕たち航海に旅立ちます！」

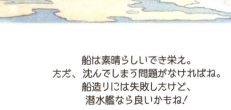

船は素晴らしいでき栄え。
ただ、沈んでしまう問題がなければね。
船造りには失敗したけど、
潜水艦なら良いかもね！

「グッド・ハウスキーピング」版の「ミッキーの造船技師」は作家ジーン・エアによる散文の作品として、D.C.Heath 社の単行本「Donald Duck and His Friends」（1939 年）で掲載された。トム・ウッドが新たに絵柄を制作している。

ドナルドとミッキー、グーフィーの 3 人は、グーフィーが誰かにもらったおもちゃのボートを持って、浜辺へとやってきました。

遊ぶうちに波は次第に強くなり、ボートは転覆してしまいます。グーフィーがボートを引き上げ、3 人で岩の上に腰掛けると、ドナルドが言いました。「ねえ、今から何する?」

「僕たちのボートがあったら面白いんじゃない?」とグーフィーが言いました。「つまり、みんなで乗れる本物のボートだよ」

するとミッキーが「みんなで作ろうよ。グーフィーのおもちゃを大きくしたやつを。木の板なら、砂浜にたくさん転がっているよ」と提案しました。

「よーし、じゃあハンマーとかクギを取ってくるよ」とドナルドが言うと、「僕はノコギリや接着剤だ」とミッキーも早速準備を始めました。「帆は窓のカーテンでいいよね」というドナルドのアイデアに、グーフィーが言いました。「それならちょうど良いのがあるよ。僕のママが昨日古いやつを外してたんだ」

ドナルド、ミッキー、グーフィーが、3 日を費やして作ったボートがついに完成しました。ペンキも手に入ったので、外側は白に赤のボーダーを入れ、内側は緑色に塗りました。

ボートが高波にさらわれるのを心配したドナルドは、港の住人に頼んでイカリを借りてきました。ひとつで十分ですが、もしもの事態に備えて、ドナルドはイカリを 4 つ取り付けました。

すべての準備が整うと、ミッキーが言いました。「明日の朝、いよいよ海へと出発だ!」するとドナルドとグーフィーも大きな声で答えました。「エイ、エイ、オー!」

うれしくて仕方がないドナルドは、かわいい歌をつくると、一晩中それを歌い続けたのでした。

♪明日はいよいよ船を出す日
ミッキーとグーフィー、イカリと僕。
ああ楽しい、きっと愉快な日になるぞ!♪

次の日、朝一番に港にやって来たのはグーフィーでした。念入りにボートのチェックを始めたグーフィーは、あることに気が付いてしまいました。

ボートの先頭に小さな穴を見つけたのです。きっと木の板に節があり、それが取れてしまったのでしょう。グーフィーは砂浜を探し回りますが、節は見つかりませんでした。「こりゃあ大変だ! このままじゃ、浮かべた途端に前から水が入っちゃう。ミッキーとドナルドが、がっかりしちゃうよ!」

グーフィーはしばらく考えると「そうだ」とひらめきました。「ボートの

後ろにも穴を開ければいいんだよ。そうすれば、前から入った水が後ろに出て行くはずだよね。それはいい考えだ」

グーフィーは船乗りには向いてなさそうですが、大急ぎでドリルを取って来ると、早速作業に取り掛かりました。穴を開けるのが楽しくなったグーフィーは、6 つか 7 つ穴を開けて言いました。「これでもう、どれだけ水が入っても安心だ」

ミッキーとドナルドがやって来るのを見て、グーフィーはドリルを岩陰に隠しました。「穴のことは内緒にしなきゃ。もう問題は解決したし、心配かけたくないからね」

ドナルドは大きなお弁当を持ってきました。ミッキーは風が止んでしまっ

たときに備えて、ふいごを用意しました。

　引き上げたイカリをボートに乗せると、3人はボートを水の上へと押し出します。それからみんなで飛び乗ると、ドナルドが帆を上げました。風がひと吹きして、ボートはいよいよ湖へ。

　「たいへんだ」突然ミッキーが言いました。「ボートに水が入って来てる!」

　「すぐに出て行くさ」とのん気なグーフィー。もちろん水は出て行きません。あっという間にボートは傾き、湖の底へと沈んでしまったのでした。

　岸から遠く離れていなかったので、湖の底に足がついたミッキーとグーフィーは、水から顔だけを出しています。そして、水面から出たマストに登ったドナルドが言いました。「ねえみんな、僕たちボートを作ったと思ってたけど、これじゃあ潜水艦だよ」

　「変だな、昨日はボートに穴なんて見当たらなかったのに」とミッキーはつぶやきました。「もう家に帰ろうよ」グーフィーがそう言うと、みんなは岸までひと泳ぎして、ぬれた服を乾かすため家に帰ることになり

ました。

　あとでこっそりドリルを取りに来たグーフィー。ミッキーやドナルドにはまだ何も話していません。穴のことは、少し時間をあけてから伝えることにしたのでした。

「Mickey Mouse Magazine 32号」(1938年)で掲載された「ミッキーの造船技師」はGH版と似ているが、ドナルドがクララベルにシーツを借りに行く場面(クララベルに信用してもらえず、結局ミニーが貸してくれる)や、3匹の子ぶたたちが見送る姿も描かれている。最後に笑って終わるのは、映画と同じだ。

おわりに

　本書「ミッキーマウス ヴィンテージ物語」は、米国の Gemstone 社から出版された「WALT DISNEY'S MICKEY AND THE GANG」（2005 年）をもとに、日本版として制作されました。

　原書は 360 ページにも及ぶ超大作であり、月刊誌「グッド・ハウスキーピング」が 1934 年 4 月から 1944 年 9 月まで、10 年間にわたって掲載してきたディズニー・ページの全 123 点が集録されており、それらほぼすべてにガースタイン氏の解説が添えられています。

　本書は、それらの中からミッキーマウス作品を中心に 17 点のディズニー・ページと、それに関連した物語や、コミック作品をセレクトしたもので、ディズニー作品を愛する日本の読者の皆様に紹介したい作品がまだまだたくさんあります。

　1940 年代に入り主役として活躍を始めるドナルドやグーフィーの姿、映画化されずグッド・ハウスキーピングでしか発表されなかった貴重なお話（12 ページ参照）、さらに長編大作「白雪姫」や「ピノキオ」の誌上プレビューなど、またいつの日かお届けできる日が来る事を、心から願っています。

凡例
- ディズニー・ページの日本語作品名に関して。ディズニー・ページと短編映画の英語タイトルが同じ場合、本書の中の日本語タイトルも短編映画の日本語版タイトルと同じにしました。ただし、ディズニー・ページと短編映画の英語タイトルが違う場合や、短編映画の日本語版タイトルが明らかにディズニー・ページの内容と合わない場合、新たな日本語タイトルをつけました。
- 日本語版が出版されていない書籍や、日本法人を持たない出版社名等は、英文のまま掲載しています。
- 短編映画やディズニー・ページ、コミックなどの作品名は「」としました。
- オリジナル版のディズニー・ページでは、英語による韻を踏ませた詩で物語が表現されています。日本語版では、原文の雰囲気は尊重しつつも、韻や調子より、読みやすさや、分かりやすさを優先し作成しました。
- P33「ミッキーの夢物語」のミッキーとキングが戦う場面において、原書の詩には「スペードのキング」と表記されていますが、絵柄には「ハートのキング」が描かれているため、日本語版では絵柄を優先し表記を一部変更しています。